Mon Liban, ma cuisine

**CATALOGAGE AVANT PUBLICATION DE BIBLIOTHÈQUE
ET ARCHIVES NATIONALES DU QUÉBEC ET BIBLIOTHÈQUE
ET ARCHIVES CANADA**

Bassoul, Racha

Mon Liban, ma cuisine : petites bouchées et grands plats

Comprend un index.

ISBN 978-2-89077-738-5

1. Cuisine libanaise. 2. Livres de cuisine. I. Longpré, Jean. II. Titre.

TX725.L42B37 2016   641.595692   C2016-941370-5

PHOTOS

Photographe : Jean Longpré assisté de Pascal Fréchette

Retouche d'image Layers

Jean Longpré a réalisé les grandes photos de recettes et d'ambiance, les portraits de l'auteure, ainsi que les petites photos aux pages suivantes : 24, 56, 68, 82, 122, 127, 134, 138, 144, 146, 148, 160, 164, 176.

Toutes les autres photos qui illustrent les propos de Racha Bassoul proviennent de ses albums personnels.

DESIGN GRAPHIQUE

Atelier Chinotto

© 2016, Flammarion Québec

Tous droits réservés

ISBN 978-2-89077-738-5

Dépôt légal : 3e trimestre 2016

Cet ouvrage a été imprimé par l'imprimerie Friesens au Manitoba, Canada.

www.flammarion.qc.ca

RACHA BASSOUL

Photographies de Jean Longpré

MON LIBAN MA CUISINE

•

Petites bouchées & grands plats

Préface de Jean-Philippe Tastet

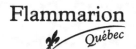

Flammarion
Québec

TABLE

À ma mère qui m'a donné la vie pour goûter,
à mon père qui m'a donné le goût de vivre,
et à mes enfants, Philippe et Stéphanie,
qui perpétuent cet appétit de vivre et de goûter.

PRÉFACE

« Vous voulez écrire un livre de cuisine libanaise ? » « Non, je veux écrire un livre *sur* la cuisine libanaise. » J'avais beau être habitué aux circonvolutions syntaxiques en vigueur au Moyen-Orient, legs d'un lointain mariage avec une beauté iranienne, cette nuance-là m'échappait. J'aurais pu me douter que toute la complexité des assiettes de la chef se retrouverait forcément dans le raisonnement de la personne qui les préparait.

Racha Bassoul était alors chef du restaurant Anise où tous les gourmets se précipitaient pour découvrir une cuisine originale. Ce millénaire commençait à peine et j'étais allé par curiosité voir et surtout goûter ses plats aux noms évocateurs. Le pigeon aux figues et aux morilles était succulent et la caille émouvante. Au-delà de la pureté des lignes de chaque mets proposé lors de ces inoubliables repas, ce qui distinguait surtout la cuisine de Racha, c'était son exceptionnelle puissance évocatrice. Une cuisine de sentiments, sculptée à partir des meilleurs produits de saison, traités avec une dextérité et une sensibilité remarquables. Dans chaque assiette, on sentait l'invitation au voyage, à la découverte. On voyait apparaître la lumière oblique des allées des bazars moyen-orientaux, celle plus chaleureuse des oliveraies et vergers de la vallée de la Bekaa ou encore celle, plus fougueuse et enveloppante, des midis sur le littoral libanais. On se prenait à respirer ces assiettes comme lorsque le sommelier apporte un grand cru et que le plaisir des papilles s'enchaîne harmonieusement. La grande sollicitude du service et la sobriété chic du décor contribuaient au bonheur d'être là. À la suite de mes premières visites, j'écrivis une critique plutôt enthousiaste dans *Le Devoir* et je poursuivis mon petit bonhomme de chemin, fourchette à la main et serviette de table nouée autour du cou.

J'étais cependant habité par l'idée qu'avait évoquée la chef d'une collaboration pouvant déboucher sur un livre. « Vous comprenez, m'avait-elle dit, je ne veux pas écrire un énième livre de recettes. Je veux parler de mon pays, de sa culture, de l'histoire peu connue des petites gens et des produits qui font que cette cuisine est une culture en soi. » Bien qu'enthousiasmé par cette perspective, je trouvais toutes sortes d'excuses pour esquiver. La première étant que madame Bassoul était chef d'un restaurant et moi critique culinaire, deux professions qui naviguent généralement mal ensemble, même à bord d'un navire phénicien élancé.

J'ai réfléchi longtemps à ce projet. Anise a disparu. Peu de temps après est apparu Bazaar, adresse tout aussi libanaise, mais plus détendue où l'on retrouvait les qualités de la chef, intuition, élégance et goût. Le jour où, à son tour, Bazaar a fermé ses portes, je n'ai pas tout de suite compris que ce livre se rapprochait un peu plus de moi. J'étais seulement partagé entre la tristesse de voir la scène gastronomique montréalaise perdre une de ses plus brillantes étoiles et la joie de pouvoir me lier avec ces gens.

J'ai enfin commencé à manger à la table de Racha. Nous abandonnâmes le vouvoiement et devînmes amis. Le plaisir de déguster ses plats se trouva multiplié par notre nouveau statut ; je n'avais plus ni devoir de retenue, ni obligation de froide analyse, je pouvais enfin me laisser totalement emporter par sa cuisine.

Cette cuisine d'émotions touche tous les sens. La préparation stimule l'odorat ; une fois posés sur la table, les plats ravissent l'œil ; et, dès la première bouchée, on est emporté vers de nouvelles destinations, de nouvelles sensations, de nouvelles joies.

Je vous souhaite, en lisant ce livre et en expérimentant les recettes de Racha, de ressentir ces mêmes émotions.

—

Jean-Philippe Tastet

INTRODUCTION

Lorsque j'ai exprimé mon désir d'écrire ce livre, ceux qui me connaissent et savent combien je préfère rester éloignée des feux de la rampe m'ont tout de suite demandé pourquoi ce projet me tenait tant à cœur. Ma réponse a toujours été : « Parce que cuisiner est ma véritable passion. » Depuis aussi longtemps que je me souvienne, cette activité occupe une place très importante dans ma vie. Si je ne suis pas devant mes fourneaux, je pense à ce que je vais préparer. C'est même une sorte de thérapie pour moi. Quand je suis stressée, j'explore le contenu de mon réfrigérateur et de mon garde-manger, je crée des plats et, dès que les premiers effluves s'élèvent, je me sens apaisée.

Je suis née au Liban, j'y ai vécu jusqu'à l'âge de vingt ans et les arômes qui ont parfumé mon enfance imprègnent encore tout ce que je fais. Je pensais donc, au départ, écrire un livre sur la cuisine libanaise. Puis, après avoir beaucoup réfléchi et rédigé de nombreuses pages, je me suis concentrée sur l'influence que cette tradition culinaire a eue sur ma façon de cuisiner. Elle m'a offert un canevas très riche sur lequel j'ai pu tisser mes propres couleurs avec tout ce que j'amassais au fil de mes expériences.

À mesure que je notais le détail de mes recettes et partageais mes sources d'inspiration, je prenais conscience de ce que ce livre représentait vraiment pour moi : une sorte de pont mental que je traverse constamment, entre ma terre natale et mon pays d'adoption. Mes recettes, au même titre que les anecdotes qui les accompagnent, sont les témoins concrets de ce va-et-vient. J'ai dû me résoudre à accepter que je serais désormais toujours une touriste là où j'ai grandi et une immigrante là où je vis. Je transporte avec moi ma propre identité, mais j'ai la grande consolation, dans cette constante errance émotionnelle, de pouvoir choisir de part et d'autre les éléments les plus apaisants.

Quelles que soient nos origines, ce sont les goûts et les saveurs de notre enfance qui nous interpellent le plus. Le souvenir des odeurs qui sortaient des casseroles de ma mère joue un rôle déterminant dans ma façon de cuisiner. C'est lui qui amène les aromates à se mélanger aux ingrédients de base, créant ainsi une mélodie qui joue constamment en fond musical dans ma tête quand j'imagine un plat. En arabe, lorsque les mets sont très équilibrés en matière de goût, on dit que la cuisinière a du *nafas*, ce qui se traduit littéralement par « du souffle ». En fait, c'est le je-ne-sais-quoi qui distingue le même plat préparé par deux personnes différentes.

L'huile d'olive, les fines herbes fraîches ou séchées, l'ail, le jus de citron et les épices sont en quelque sorte les accents qui caractérisent le régime alimentaire libanais. Avec de tels ingrédients de base, il est facile de ne pas se tromper. En plus des liens très forts qu'elle m'a permis de tisser avec les odeurs et les saveurs, cette cuisine m'a appris à respecter les produits. Le même principe s'applique pour toutes les recettes : on utilise les ingrédients les plus frais en les transformant le moins possible pour respecter ce qu'ils ont de mieux à offrir, naturellement. La préparation du moindre plat est une activité précieuse, même si les ingrédients qui le composent sont modestes.

De nombreux aliments peuvent être consommés crus, sous leur forme la plus simple ou dans des recettes un peu plus élaborées. Une pièce d'agneau pourra ainsi traditionnellement être servie en tartare, des petits cubes juste salés et poivrés, ou hachée et assaisonnée d'oignon et de persil pour devenir une kefta, qui à son tour sera mangée crue ou cuite, avec des légumes ou juste sautée avec des oignons et relevée du mélange des sept épices.

En déclinant ces possibilités, je revois mon père officier avec le couteau de son propre père, à manche de cèdre et lame d'acier. Il examinait le morceau de viande comme si c'était une pierre précieuse, avant de le tailler en dés si délicats qu'on avait peine à résister à l'envie d'y goûter sur-le-champ. À l'extrémité du bloc de boucher, il gardait deux petits tas : du poivre fraîchement moulu et du sel plus ou moins fin. Arrivé dans la partie la plus tendre, entre les côtes basses et le râble, il prenait la viande à la pointe du couteau et touchait délicatement les tas de sel et de poivre, comme un artiste peintre mélange ses couleurs. « Ça prend ces trois pour former un tout », disait-il simplement avant de distribuer ce trésor aux privilégiés qui se trouvaient là au bon moment.

Je suis persuadée que ce qui a une origine commune, a été mûri par le même soleil et nourri par le même sol, s'harmonisera parfaitement dans une recette. Je m'attache donc à travailler les fruits et légumes au mieux de leur saison. C'est une mélodie très subtile qui nourrit mon inspiration et me fait souvent dire : « Oh, que toutes ces choses sont bonnes, malgré leur simplicité ! » En fait, je pense qu'elles sont bonnes justement parce qu'elles sont simples. Ajoutez seulement un filet d'huile d'olive et une pincée de sel à une tomate que vous venez de cueillir et demandez-vous s'il existe quelque chose de meilleur.

Le fait que tous les ans, à la même époque, ces cadeaux de la nature nous reviennent fidèlement me procure un grand réconfort. J'ai hérité cette sensibilité du généreux climat de ma patrie d'origine. Comme dans la plupart des pays méditerranéens, à peu près tout ce qu'on y mange est dicté par les saisons. Tomates, figues séchées, boulgour… le soleil est le principal ingrédient de la cuisine libanaise. La richesse des paysages, entre plages et sommets enneigés, montagnes verdoyantes et pics arides, vergers et vignobles, se reflète aussi dans cette gastronomie devenue mondialement célèbre.

Malgré la superficie relativement modeste du territoire (10 452 précieux kilomètres carrés), la grande diversité ethnique est à l'origine d'une extraordinaire variété de recettes, à tel point qu'il n'est pas rare de dénombrer plusieurs versions du même plat selon la région ou le village. Au cours des siècles, Grecs, Byzantins, Ottomans, Arméniens se sont croisés dans ce véritable carrefour des civilisations, laissant tous une empreinte profonde dans la culture. Chaque peuple ajoutait un ou plusieurs ingrédients dans le creuset ethnique, cette marmite commune qui a fini par donner la cuisine libanaise contemporaine. Riche de ces diverses influences, celle-ci offre une palette de plats tous plus savoureux et parfumés les uns que les autres, complexes et fascinants de par leurs origines, mais généralement assez simples dans leur préparation.

Les nombreuses crises majeures traversées par le Liban au fil de son histoire l'ont amené à attribuer une valeur hors du commun à la nourriture, qualifiée de grâce, et à inventer toutes les méthodes possibles et imaginables pour éviter le gaspillage. L'abondance ou la rareté de tel ou tel produit stimule la créativité culinaire. Aux saisons fastes, on fait provision de conserves, marinades et confitures de légumes et de fruits. Les périodes creuses ou de pénurie obligent à tirer le meilleur parti des aliments. On évide les courgettes pour les farcir, puis on réutilise la chair prélevée en la mélangeant avec de l'oignon haché et quelques épices dans un autre plat. À partir d'un pita rassis, on prépare des croustilles en coupant le pain en petits carrés ou en losanges, qu'on arrose d'un filet d'huile d'olive et saupoudre d'une pincée de zaatar.

Presque tous les plats ont leur raison d'être. La viande confite dans la graisse trouve son origine dans l'impossibilité de la réfrigérer autrefois. La taille de l'unique marmite disponible dans une maison a dicté la façon dont on découpait les ingrédients et a favorisé la multiplication des recettes de ragoûts qui contribuent à la renommée culinaire du Liban. Des plats inventés par pure nécessité se muent ainsi en fierté nationale.

L'omniprésence des légumineuses et des légumes s'explique à la fois par la pauvreté – la viande est chère – et par les restrictions imposées par les religions. Le carême des chrétiens les a poussés à faire preuve d'imagination pour apprêter ces ingrédients. Quant à l'utilisation du vinaigre dans de nombreuses recettes, elle trouve probablement son origine dans l'interdit que l'islam a mis sur l'alcool.

La liste des plats créés pour répondre à des impératifs religieux met d'ailleurs l'eau à la bouche. Il suffit de nommer les maamouls, ces délicieuses petites pâtisseries farcies de noix ou de dattes, parfumées à l'eau de rose ou de fleur d'oranger, que l'on consomme traditionnellement à Pâques. Ou le *khouchaf*, une préparation à base de pâte d'abricots, appelée *amareddine*, de fruits séchés et de noix, qui constitue une source parfaite de nutriments durant le long mois du ramadan. Ou bien encore le *moghli*, une sorte de pouding fait à partir de farine de riz et d'épices douces qu'on mange en dessert pour célébrer l'arrivée d'un nouveau-né, selon une coutume commune à toutes les religions. La *amhiyyeh*, quant à elle, souligne l'apparition des premières dents chez un bébé avec des perles de blé cuites, sucrées et décorées de noix. Au jour de l'An, j'aime la tradition qui veut qu'on serve un plat à base de yogourt pour que l'année à venir soit immaculée et sans problème.

La cuisine du Liban est un véritable style de vie. J'ose dire que c'est le royaume de la socialisation, le lieu où se nouent les plus authentiques ententes, où se tissent les liens les plus étroits, dès les premiers préparatifs. La *mouneh* en est l'exemple parfait. Ce mot désigne l'ensemble des provisions qu'on apprête collectivement avec les produits saisonniers en vue de l'hiver. Parents et amis se réunissent pour concocter des litres de sauce tomate, ou la merveilleuse confiture d'abricots ambrée qui fera un dessert de choix pendant la saison froide. Et que dire du soulagement de la cuisinière qui doit préparer une grande quantité de feuilles de vigne farcies (un travail plutôt fastidieux) quand elle voit arriver ses voisins pour lui prêter main-forte ! Car toutes les occasions sont bonnes pour se réunir en cuisine… et préparer un festin.

On mesure le respect que les Libanais ont pour la table en constatant le nombre d'heures qu'ils consacrent à la préparation des repas. Il suffit d'admirer la longue série de petits plats qui composent un mezzé pour se faire une idée assez précise de l'importance de leur art culinaire et du niveau de créativité qu'il implique. Le mot mezzé semble venir soit d'un terme persan qui signifie « goût », soit du verbe arabe *mazmiz* qui veut dire « grignoter ». Cette tradition culinaire est en effet présente sur une large portion du pourtour méditerranéen : Grèce, Turquie, Irak, Syrie, Liban, Jordanie, Palestine. Le mezzé est un ensemble de plats destinés à flatter l'œil autant que le palais. Il peut être assez simple, formant ce qu'on appelle *zinet et tawleh* (la décoration de la table), avec de petites assiettes d'olives et de marinades, comme le *makdous*, des petits bols de hommos et de baba ghannouj et, bien entendu, du pain pita. Ou bien, il peut s'apparenter à un repas complet, totalisant une trentaine de plats, chauds, froids, cuits ou crus. Chaque élément est servi en petite quantité, ce qui permet au cuisinier d'augmenter la variété et aux invités de goûter à presque tout. Évoquant les festins de l'Antiquité, le mezzé se déguste essentiellement avec les doigts. L'assortiment de couleurs, de textures, d'arômes et de températures garde tous les sens en éveil ; les contrastes distraient les papilles et raniment sans cesse l'appétit. Imaginez une bouchée de petite saucisse encore grésillante, trempée dans un petit bol de purée de pois chiches citronnée, suivie d'un radis croquant, le tout arrosé d'une gorgée d'arak, cette boisson alcoolisée anisée et bien glacée… Un pur plaisir !

Chaque réunion ou rassemblement, quelle qu'en soit la nature, et toutes classes sociales confondues, est prétexte à cuisiner et à manger. Dans les occasions spéciales, cela peut prendre des proportions inimaginables. Je me souviendrai toujours du mariage de mon frère, le 22 septembre 1979 à Bednayel, notre village de la vallée de la Bekaa. Dans une société dominée par les hommes, être l'unique garçon de notre fratrie lui conférait certains privilèges et ses noces occupèrent ma mère plus que de raison. C'était le mariage de son prince et elle entendait bien offrir un festin royal. Les préparatifs durèrent des mois et, pendant toute la semaine qui précéda le grand jour, je vis en rentrant de l'école la maison se transformer en une véritable usine, regorgeant de nourriture et bourdonnant d'une nuée de cuisiniers qui s'activaient comme des abeilles dans un champ de fleurs. C'était comme une symphonie répétée sans cesse, afin que le moment venu, chacun connaisse sa partition sur le bout des doigts et s'accorde parfaitement aux autres en suivant le moindre frémissement de la baguette du chef d'orchestre : ma mère. En fait, elle se préparait depuis des années à cette performance, seule lui manquait la date de l'événement…

Le mariage dura sept jours et sept nuits, tel un conte, bien réel, des *Mille et Une Nuits*. Chaque jour donnait lieu à une incroyable profusion culinaire et chaque nuit, à un tourbillon de musique et de danse, dans un bel équilibre. J'en ai gardé deux images inoubliables. La première est l'arrivée de mon frère chez sa fiancée, gracieusement monté sur un pur-sang arabe couleur caramel et tenant à son côté le cheval blanc tout aussi magnifique destiné à sa promise. La seconde est une suite de sept immenses plateaux de cuivre sur lesquels étaient déposés des agneaux entiers, grillés, luisants, sur un lit de riz

et de noix rôties. Ils étaient portés sur les épaules par sept hommes de taille identique, grands, forts, beaux et avançant avec la puissance et la précision d'un défilé militaire.

Sur une base plus quotidienne, on en apprend beaucoup sur un peuple en observant la place qu'occupe la nourriture dans la sphère publique. J'ai toujours pensé que la cuisine de rue marquait le pouls d'une ville. Au Liban, il s'agit encore d'une cuisine simple, instinctive et qui respecte le rythme des saisons : des épis de maïs bouillis, des gourganes fraîches tout juste blanchies, salées et saupoudrées de cumin.

Il est pratiquement impossible de passer à côté d'un stand de falafels sans succomber au parfum de noix légèrement épicé qui s'en dégage. Ces beignets de légumineuses sont souvent accompagnés d'un mélange de tomates, persil, menthe, navets marinés et, bien entendu, de sauce tahini. Le contraste des textures et des températures – croustillant de la friture bouillante, soyeux de la sauce, fraîcheur de la salade – en fait l'un des mets les plus sensuels de la cuisine de rue.

Pourtant, même rassasiés, il sera bien difficile de résister au fumet envoûtant exhalé par la boulangerie voisine. Et si vous cédez à la tentation d'acheter une manouché (pizza au thym et sésame à la libanaise), n'essayez même pas d'attendre d'être rentrés pour y goûter. Les boulangeries libanaises sont de véritables lieux de rencontre. On vient y acheter du pain, bien sûr, mais aussi y faire cuire les plats trop grands pour le fourneau domestique. Généralement alimenté au bois, le fournil du boulanger donne un goût particulier à ce qu'on y cuit. Mon père était même persuadé que la même recette de *sinniyet kefta* (kefta au four) était dix fois meilleure lorsqu'on la cuisait dans ce genre de four.

Un autre de mes très puissants souvenirs de cuisine de rue se déroule à Damas, en Syrie, non loin de la frontière libanaise. Flânant dans le souk El-Hamidiyeh, construit en 1863, je me souviens que le toit métallique laissait filtrer des rayons de lumière qui rendaient le spectacle pratiquement irréel, baigné par endroits d'une sorte de brouillard. Entre les piles de tissus chatoyants et les effluves des épices, un peu plus loin dans le souk Bzouria, l'attention était retenue par un vendeur de jus de tamarin trônant au milieu d'un attirail folklorique de petits verres colorés qui s'entrechoquaient dans un tel tintamarre que tous les passants tournaient la tête vers lui. Qui a entendu une fois cette musique l'associe ensuite irrémédiablement au vendeur de jus de tamarin… Un autre personnage, autoproclamé « Roi de la figue de Barbarie », attirait l'attention. Ses fruits couleur d'ambre étaient déposés avec mille précautions sur un lit de glace et formaient une pyramide parfaite. Il les pelait avec une précision extrême pour les rendre aussi attirants que possible dans la chaleur accablante d'une journée d'été. Au cœur de cette agitation, on finissait par remarquer une étrange mélodie de basses syncopées. À sa source, on finissait par découvrir trois ou quatre marchands de crèmes glacées qui travaillaient leurs préparations soyeuses avec d'immenses pilons. Chacun à son rythme, ils faisaient preuve d'un talent et d'un savoir-faire exceptionnels. On n'avait d'autre choix que de s'arrêter pour savourer le spectacle avant de goûter à leurs délices.

Dans la culture libanaise, tout peut être source d'exagération. Ainsi, pour souhaiter un bon appétit, on ne dit pas seulement *saha*, qui veut littéralement dire « santé » en arabe. On lance plutôt un retentissant *sahtein !* qui signifie « deux fois santé ». De la même façon, on dira plutôt *marhabtein* (« double bonjour ») que *marhaba* (« bonjour »). J'ai évoqué le rôle qu'a joué ma mère, qui était une cuisinière exceptionnelle, dans la définition de ma passion. Mon père y a également contribué en m'aidant à affiner mon goût, alors que ma mère m'apprenait à « sentir » la cuisine. J'ai gardé ces deux cadeaux précieusement, en les développant au fil des ans, et je crois les avoir naturellement transmis à mes propres enfants. Mon fils Philippe, dès son plus jeune âge, pouvait deviner ce qui cuisait juste aux effluves sortant de la cuisine. Plus il grandissait, plus il devenait précis et m'épatait en remarquant infailliblement si j'avais supprimé ou ajouté une épice dans un plat qu'il connaissait. Ma fille Stéphanie a fait sien le subtil langage culinaire que je pratique, avec ses accents ensoleillés venus de loin. Il s'agit d'une composition musicale en constante évolution, dont je décide du ton, du rythme et de l'interprétation en ajoutant une pincée de cela par ici, une cuillerée de ceci par là.

J'éprouve une grande fierté d'avoir réussi non seulement à m'imprégner de la sensibilité de mes parents, mais aussi à la transmettre à mes enfants… et un peu à vous, je l'espère, avec ce livre qui réunit un bon nombre des histoires que je voulais raconter et des images que je souhaitais partager.

—

Racha Bassoul

À VOTRE SANTÉ !

•

Qui dit mezzé, dit aussi arak. Tous deux forment un accord parfait et naturel. Il est rare que les Libanais mangent sans boire, et ils ne boivent presque jamais sans manger. Grâce au climat méditerranéen, qui permet d'avoir des fruits et des légumes frais en abondance, les Libanais se font un devoir de concocter toutes sortes de sirops : le jallab, à base de mélasse de caroube, de raisin et d'eau de rose, le sirop de mûre, le sirop d'abricot (p. 21), le sirop de rose, pour n'en citer que quelques-uns. Chaque famille est fière de sa propre recette.

Ils aiment ajouter des parfums non seulement dans leur nourriture, mais aussi dans leurs boissons, et même dans leur café, qu'ils aromatisent à la cardamome comme vous le découvrirez à la toute fin de ce livre (p. 179). Si vous avez l'occasion de goûter au café turc, un des nombreux héritages de l'Empire ottoman, n'oubliez pas d'arrêter de boire avant d'atteindre le marc qui se dépose au fond de la tasse. On peut ensuite la retourner et observer les dessins que le marc de café forme sur ses parois, dans lesquels certaines femmes s'amusent à lire la bonne aventure !

Il existe aussi au Liban ce qu'on appelle le « café blanc », qui ne contient aucun grain de café mais simplement de l'eau chaude parfumée à l'eau de fleur d'oranger. Servi à la fin du repas, le café blanc a des vertus apaisantes. Mais nous n'en sommes qu'au début de notre voyage et, pour commencer, je vous propose trois boissons fraîches et désaltérantes. —

COCKTAIL DE PASTÈQUE

•

- · 1 l (4 tasses) de pastèque en cubes
- · 8 feuilles de menthe
- · 4 c. à soupe d'arak (p. 181)*
- · 6 à 8 cubes de fromage halloum (p. 181)
- · 6 à 8 brochettes de bambou

  * Un alcool au goût anisé.

6 À 8 FLÛTES À CHAMPAGNE

Mettez la pastèque et la menthe dans le bol du robot culinaire et broyez par touches successives. Ajoutez l'arak, actionnez de nouveau l'appareil pour obtenir un mélange homogène. Transférez dans une carafe et réfrigérez.

Enfilez chaque cube de halloum sur une brochette suffisamment longue pour reposer sur des flûtes à champagne ou le verre de votre choix.

Avant de verser le cocktail, mélangez bien, car le jus et la pulpe de la pastèque ont tendance à se séparer.

Remplissez les verres aux trois quarts, déposez-y les brochettes de halloum et servez immédiatement.

—

En amuse-bouches, en entremets ou en apéro, ce cocktail impressionne, avec ou sans alcool.

NOMADE

(COCKTAIL À L'ARAK ET AU THÉ NOIR)

●

· 20 feuilles de menthe
· 2 c. à soupe d'arak (p. 181)
· 1 ½ c. à soupe de sirop d'érable
· 180 ml (¾ tasse) de thé noir refroidi

GARNITURES
· Glaçons
· Menthe

2 VERRES

Dans un bol, à l'aide d'un pilon, écrasez légèrement les feuilles de menthe afin d'en faire ressortir le parfum.

Ajoutez l'arak, le sirop d'érable et le thé. Mélangez à l'aide d'une cuillère.

Filtrez et versez dans des verres à cocktail ou à martini sur des glaçons.

Décorez d'une feuille de menthe et dégustez.

—

J'ai pensé vous proposer une note de fraîcheur qui évoque bien le pont qui relie mes deux pays, le Liban et le Canada. Ce sont trois de mes ingrédients préférés : l'arak, le thé et le sirop d'érable.

SIROP D'ABRICOT

●

- 1 kg (2 lb) d'abricots mûrs
- Sucre (la même quantité que la purée d'abricots)
- 1 anis étoilé (facultatif)
- Zeste et jus de 1 citron lavé

1,5 L (6 TASSES)

Lavez, épongez et dénoyautez les abricots.

À l'aide d'un robot culinaire, réduisez les abricots en purée. Si désiré, filtrez la purée avec une passoire. (Pour ma part, je préfère garder la pulpe.)

Mesurez dans une tasse graduée la purée obtenue, transférez dans une casserole et ajoutez la même quantité de sucre.

À feu doux, avec l'anis étoilé, si désiré, faites dissoudre le sucre en remuant constamment. Incorporez le zeste et le jus de citron.

À feu modéré-doux, portez à ébullition. Dès les premiers bouillons, écumez et poursuivez la cuisson 5 min. Retirez l'anis étoilé.

Transvidez le sirop dans des bouteilles stérilisées. Le sirop se conserve au réfrigérateur.

Pour un verre d'eau aromatisée, utilisez 2 c. à soupe de sirop, ajoutez de l'eau ou de l'eau gazeuse et des glaçons.

—

Au Liban, on concocte des sirops à partir de presque tous les fruits. Il est fréquent d'aromatiser l'eau des sirops préparés à la maison ou achetés à l'épicerie. À défaut de ne pas en avoir sous la main, ce qui est rare, les Libanais parfument leur eau d'eau de fleur d'oranger.

NOIX

·

Les noix occupent une place de choix dans la cuisine libanaise, avant, pendant et après le repas. À l'heure de l'apéro, dans les plats principaux pour leur valeur décorative, leur nature croquante et leur riche saveur ou encore comme ingrédient de base de la pâtisserie, les noix sont indispensables. Pourquoi s'en priver ? —

PARTY MIX

●

- 250 ml (1 tasse) d'amandes crues
- 250 ml (1 tasse) de noix de cajou crues blanchies
- 250 ml (1 tasse) de pistaches crues
- 1 c. à soupe de cari
- 2 c. à soupe de zaatar (p. 184)
- ½ c. à thé de cumin
- 1 c. à soupe de sucre
- ½ c. à soupe de sel
- 2 c. à soupe d'huile d'olive
- 125 ml (½ tasse) de raisins secs
- 125 ml (½ tasse) de canneberges séchées
- 125 ml (½ tasse) d'abricots secs en lamelles

1,25 L (5 TASSES)

Préchauffez le four à 230 °C (450 °F).

Dans un grand bol, mélangez les noix, le cari, le zaatar, le cumin, le sucre, le sel et l'huile.

Étalez sur une plaque ou deux plaques et enfournez 10 min en retournant au moins une fois durant la cuisson. Les noix seront légèrement grillées.

Dans le même bol, combinez les fruits secs. Ajoutez les noix et mélangez délicatement.

Ces noix très parfumées, sucrées-salées, se conservent dans des contenants hermétiques.

—

En guise d'apéritif, à grignoter avec un cocktail, un whisky ou une bière…

MUHAMMARA

(TREMPETTE AUX POIVRONS ET NOIX)

•

· 375 ml (1 ½ tasse) de poivrons grillés*, en bocal

· 250 ml (1 tasse) de noix de Grenoble ou de noix de pin

· 1 gousse d'ail

· 1 c. à thé de mélasse de grenade (p. 182)

· 1 c. à thé de cumin

· 1 pincée de piment fort

· 1 c. à thé de sel

· 3 c. à soupe d'huile d'olive

* Vous pouvez les préparer vous-même. Faites-les griller pour en retirer la peau.

625 ML (2 ½ TASSES)

Dans le bol du robot culinaire, combinez le poivron, les noix, l'ail, la mélasse de grenade, le cumin, le piment et le sel. Broyez par touches successives en versant l'huile en un long filet jusqu'à l'obtention d'une consistance crémeuse.

Cette purée savoureuse se sert à l'apéro avec des croustilles de pain pita (p. 30) et des crudités. C'est bon d'en avoir au réfrigérateur, car le muhammara accompagne aussi bien les crevettes sautées que la viande et le poulet grillés ou les aumônières de canard confit (p. 122).

—

Le muhammara est une riche purée très parfumée originaire d'Alep en Syrie. Il est préparé principalement à partir de poivrons rouges grillés, de noix de Grenoble et d'un trait de mélasse de grenade. Il ajoute une richesse à n'importe quel plat.

PAIN

•

Au Liban, le pain se déguste à chaque repas. En arabe, pain se dit *eish* – « la vie » –, ce qui n'a rien d'anecdotique tant il est au cœur du quotidien. Les boulangeries sont des lieux de rencontre, on y troque des recettes et, à l'occasion, on y goûte de nouvelles saveurs. Les clients y vont également pour y faire cuire leurs propres plats, quand ils ont besoin d'un grand four. Dans les villes d'importance, on retrouve au moins une boulangerie par quartier et même les plus petits villages en comptent au minimum deux.

Trois sortes de pains sont populaires au Liban, de forme ronde et aplatie : le pita, le *saj* et le *tannour*. Le pain pita a investi les rayons des supermarchés et sa confection est de plus en plus industrielle. Le *saj* est un pain de village assez fin, étiré à la main et cuit sur un dôme de métal. Quant au *tannour*, un peu plus épais, il tire son nom d'une sorte de puits d'argile et de terre au fond duquel brûle un feu de bois. On fait cuire le pain sur ses parois. —

PAIN PITA GRILLÉ

●

· Pains pitas
· Huile d'olive
· Sel (facultatif)

Préchauffez le four à 190 °C (375 °F).

Badigeonnez les pains pitas d'huile et saupoudrez de sel si désiré. Taillez des carrés ou des triangles et passez au four de 12 à 15 min ou jusqu'à ce que les croustilles aient pris une belle couleur et soient bien croustillantes.

—

Note : Une fois grillées, les croustilles restent savoureuses une semaine conservées dans une boîte métallique ou un contenant hermétique. Elles se prêtent à plusieurs occasions : en croustilles, comme ustensile pour prendre de petites bouchées de labneh (p. 43), de hommos (p. 90), de muhammara (p. 26) ou pour garnir la moujadara (p. 118).

—

La cuisine libanaise ne supporte pas le gaspillage et ce principe s'applique aussi au pain. Quand il n'est plus très frais, on le transforme en une sorte de lasagne appelée *khibz m'alla* (« pain sauté ») en y ajoutant des oignons et de la tomate. Ou, plus simplement, on le fait griller pour le servir en croustilles.

PAIN PITA GRILLÉ GARNI DE ZAATAR

●

· Pains pitas
· Huile d'olive
· Zaatar (p. 184)*

* Essayez aussi le mélange d'herbes aromatiques séchées de votre choix.

Préchauffez le four à 190 °C (375 °F).

Badigeonnez les pains pitas d'huile et saupoudrez de zaatar. (Il est plus aisé de le faire avant de couper en morceaux.) Taillez des carrés ou des triangles. Enfournez de 12 à 15 min jusqu'à ce que les pains pitas soient bien dorés et croustillants.

—

CIGARES DE PAIN *SAJ*

•

- · 2 c. à soupe de zaatar (p. 184)
- · 3 c. à soupe d'huile d'olive
- · 1 pain *saj**

* Le pain *saj* est aussi appelé «*markouk*». On le trouve dans les supermarchés et les épiceries moyen-orientales.

12 CIGARES

Préchauffez le four à 180 °C (350 °F).

Dans un petit bol, mélangez le zaatar et l'huile. Badigeonnez le pain du mélange et coupez-le en 12 carrés de 10 cm (4 po).

Tapissez une plaque de papier parchemin. Roulez les carrés en cigare et mettez-les sur la plaque serrés les uns contre les autres pour éviter qu'ils se déroulent. Enfournez de 8 à 10 min jusqu'à ce qu'ils soient dorés.

Les cigares se dégustent seuls ou trempés dans le hommos (p. 90), le baba ghannouj (p. 78), le labneh (p. 43) ou le muhammara (p. 26).

—

OLIVES

·

Pour moi, l'olive est l'emblème de la Méditerranée. C'est le fruit du soleil, d'un arbre à la fois élégant et modeste qui symbolise la longévité. De couleur verte, elle passe par toutes les nuances de violet avant de virer au noir à maturité. Les Libanais surnomment l'olive *sheikh el tawleh*, le « roi de la table ». Son huile est précieuse en cuisine, mais aussi dans la vie quotidienne à cause de ses vertus médicinales : on en hydrate la peau du nouveau-né, elle sert de démaquillant, on la frotte sur le ventre pour atténuer la douleur… —

HUILE D'OLIVE AUX HERBES DU JARDIN

•

- · 60 ml (¼ tasse) de ciboulette tassée
- · 60 ml (¼ tasse) de basilic tassé
- · 60 ml (¼ tasse) de persil tassé
- · 250 ml (1 tasse) d'huile d'olive
- · Piment fort en rondelles (facultatif)
- · Sel et poivre

250 ML (1 TASSE)

Lavez et essorez les herbes.

Mettez-les dans le bol d'un mélangeur ou d'un petit robot culinaire. Salez et poivrez.

Incorporez progressivement l'huile en un long filet. Lorsque la consistance est homogène, transvidez dans une petite bouteille. Fermez hermétiquement et réservez au réfrigérateur.

Utilisez l'huile telle quelle ou filtrée. Si désiré, pour une note épicée, rajoutez un soupçon de piment fort.

—

Note : Vous pouvez adapter cette recette avec les fines herbes de votre choix. Une huile parfaite pour parfumer vos salades.

—

HUILE D'OLIVE AUX ÉPICES

•

- · 3 capsules de cardamome
- · 2 clous de girofle
- · ½ c. à thé de graines de cumin
- · 1 c. à thé de graines de coriandre
- · 1 bâton de cannelle de 2 cm (¾ po)
- · 250 ml (1 tasse) d'huile d'olive
- · ½ c. à thé de poivre rose
- · ½ c. à thé de sel

250 ML (1 TASSE)

Dans une petite poêle, chauffez doucement les épices afin de dégager leurs arômes, pas plus de 2 à 3 min. Mettez-les dans une bouteille.

Dans la même poêle, à feu doux, chauffez l'huile de 3 à 4 min pour qu'elle soit tiède.

Versez l'huile sur les épices et refermez la bouteille. Laissez macérer une semaine avant d'incorporer à vos recettes.

Cette huile s'utilise aussi bien dans vos marinades de viandes que de légumes.

—

Note : À l'abri de la lumière et de la chaleur, la bouteille hermétiquement fermée, l'huile se conserve jusqu'à 3 mois.

—

OLIVES ET LUPINS AU ZAATAR

●

- · 250 ml (1 tasse) d'olives noires ou vertes ou un mélange des 2
- · 250 ml (1 tasse) de lupins
- · 1 c. à soupe de zaatar (p. 184)
- · 2 c. à soupe d'huile d'olive

500 ML (2 TASSES)

Dans un bol de service, mélangez les olives et les lupins, saupoudrez de zaatar et arrosez d'un filet d'huile.

Le mélange se conserve au réfrigérateur dans un bocal fermé hermétiquement 1 mois.

—

À l'apéro, cette combinaison, qui se distingue des traditionnelles croustilles et noix, promet un succès immédiat. Elle peut aussi faire partie d'un mezzé.

TAPENADE

●

- 250 ml (1 tasse) d'olives dénoyautées
- 3 c. à soupe d'huile d'olive

ASSAISONNEMENTS, AU CHOIX
- noix
- poivrons grillés pelés
- tomates séchées
- feta
- fines herbes fraîches ou séchées
- câpres
- ail légèrement rôti
- anchois

250 ML (1 TASSE)

Mettez les olives dans le bol du robot culinaire et actionnez l'appareil par touches successives en versant graduellement l'huile en filet jusqu'à ce que vous obteniez une texture crémeuse.

Vous pouvez procéder ainsi avec des olives seules, avec un ou plusieurs assaisonnements, selon votre goût.

Servez la tapenade en tartinade avec des croûtons, du pain pita grillé (p. 30), des crudités ou avec des bouchées. S'il vous en reste, elle accompagne le poulet rôti, le poisson en papillote ou n'importe quel plat végétarien.

—

Un des essentiels que je garde toujours en réserve dans le réfrigérateur. La tapenade sert de base à de nombreuses préparations, qu'elle bonifiera en y ajoutant une saveur supplémentaire.

SALADE D'OLIVES, FETA ET TOMATES SÉCHÉES

●

- · 125 ml (½ tasse) d'olives dénoyautées vertes ou noires ou un mélange
- · 250 ml (1 tasse) de feta en cubes
- · 1 grosse tomate épépinée en cubes
- · 125 ml (½ tasse) de tomates séchées hachées grossièrement
- · 250 ml (1 tasse) de petite roquette
- · 125 ml (½ tasse) de feuilles de menthe
- · 4 c. à soupe d'huile d'olive
- · Sel et poivre

2 PERSONNES

Dans un bol, mélangez délicatement les olives, la feta et les tomates. Salez et poivrez.

Au moment de servir, répartissez la roquette dans le fond de 2 bols et garnissez du mélange d'olives.

Disposez quelques feuilles de menthe et arrosez d'un filet d'huile.

—

Si l'on ne trouve pas d'olives dans les plats libanais, c'est parce qu'elles sont toujours sur la table, offertes en guise de mezzé. Comme dans mon enfance, prêtes à être dévorées.

SALADE D'OLIVES, ORANGES ET ESTRAGON

●

- · 250 ml (1 tasse) d'olives dénoyautées vertes ou noires ou un mélange
- · Suprêmes de 2 oranges
- · 250 ml (1 tasse) de feuilles d'estragon
- · 1 c. à thé de moutarde de Dijon
- · 1 c. à soupe d'huile d'olive
- · Sel et poivre

2 PERSONNES

Dans un bol à salade, mélangez délicatement les olives, les suprêmes d'oranges et l'estragon.

Dans un petit bol, fouettez la moutarde, l'huile, le sel et le poivre.

Versez la vinaigrette, mélangez et, sans attendre, dégustez avec du pain pita grillé (p. 30).

—

YOGOURT

•

Les paysages de la vallée de la Bekaa sont peuplés de troupeaux de moutons. Si leur chair est prisée, le lait de brebis l'est tout autant. Introduit par les Ottomans dans les Balkans dès le XIVe siècle, le yogourt est omniprésent dans la cuisine libanaise. Il sert de base à de nombreuses préparations, notamment l'*ayran* (p. 42), une boisson rafraîchissante, la *mouneh* et le labneh (p. 43). Égoutté et roulé en boulettes (p. 48), celles-ci se conserveront dans des bocaux d'huile d'olive longtemps. Enrichi d'un filet d'huile d'olive et tartiné sur un morceau de pain craquant à peine sorti du four, il constitue un petit-déjeuner parfait. Garni de concombre et de menthe (p. 44), il se savoure en salade. Cuit avec des jarrets de veau (p. 50), et servi avec du riz pilaf, c'est un plat complet. C'est une douceur sucrée, aromatisé de miel et de noix (p. 42). Toutes les déclinaisons et les bonheurs sont possibles ! —

YOGOURT, MIEL ET NOIX

•

· 250 ml (1 tasse) de yogourt
· 2 c. à soupe de miel ou de mélasse de raisin (p. 182)
· Mélange de noix nature hachées

2 PERSONNES

Dans un joli petit bol à dessert, nappez le yogourt de miel et parsemez de noix.

Au petit-déjeuner, en collation ou au dessert…

—

Dans la vallée de la Bekaa, la mélasse de raisin remplace naturellement le miel en raison de l'abondance de ce fruit.

BOISSON DE YOGOURT

(*AYRAN*)

•

· 180 ml (¾ tasse) de yogourt
· 60 ml (¼ tasse) d'eau
· Sel

GARNITURES, AU CHOIX
· une pointe d'ail
· une touche de menthe ciselée ou séchée
· un peu de concombre râpé

1 VERRE

Délayez progressivement le yogourt dans l'eau pour obtenir une consistance onctueuse, puis salez, selon votre goût.

Si vous le souhaitez, aromatisez la boisson d'ail, de menthe, de concombre…

—

L'*ayran* est une boisson particulièrement désaltérante. Au Liban, on le consomme en mangeant des *lahm bi ajeen*, probablement parce qu'il se marie bien avec les épices qu'on retrouve sur ces pizzas à la viande à pâte très fine d'origine arménienne.

LABNEH

•

- 750 ml (3 tasses) de yogourt
- 1 c. à thé et plus de sel

ASSAISONNEMENTS, AU CHOIX

- menthe
- origan
- sumac
- piment en flocons
- miel

375 ML (1 ½ TASSE)

Mélangez le yogourt et le sel.

Placez une étamine, un coton à fromage ou un filtre à café (pour une petite quantité) dans une passoire et mettez-y le yogourt salé.

Laissez égoutter au moins 5 h ou jusqu'au lendemain matin à la température ambiante. Si la température de la pièce est élevée, réfrigérez.

Le labneh se conserve au réfrigérateur plus d'une semaine. Essayez les boules que je vous propose de mettre en bocaux dans l'huile d'olive (p. 48) et qui se conservent jusqu'à 3 mois.

—

Le labneh est un yogourt salé et égoutté qui sert d'élément de base au petit-déjeuner libanais. On l'assaisonne à sa guise. C'est également l'une de mes trempettes préférées. Il s'intègre merveilleusement dans un sandwich avec quelques feuilles de menthe et des olives dénoyautées, le tout saupoudré de zaatar.

BOUCHÉES DE CONCOMBRE

•

- · 20 tranches de concombre de 0,5 cm (¼ po) d'épaisseur
- · 125 ml (½ tasse) de labneh (p. 43)
- · 10 olives noires ou vertes coupées en 2
- · 1 c. à soupe de zaatar (p. 184) ou d'herbes de Provence
- · 20 feuilles de menthe
- · Huile d'olive

20 BOUCHÉES

Tartinez chaque tranche de concombre de labneh. Disposez une demi-olive et saupoudrez de zaatar. Décorez d'une feuille de menthe, aspergez de 2 gouttes d'huile et savourez.

—

Faciles à préparer, appétissantes et saines, ces bouchées font d'excellents amuse-bouches à l'heure de l'apéritif.

YOGOURT, CONCOMBRE ET MENTHE

•

- · 1 l (4 tasses) de yogourt
- · 125 ml (½ tasse) d'eau
- · 4 concombres libanais en dés
- · 3 c. à soupe de menthe finement hachée
- · 1 c. à thé de zeste de citron lavé
- · Huile d'olive
- · 4 feuilles de menthe
- · Sel et poivre

4 PERSONNES

Dans un bol, à l'aide d'un fouet, amalgamez le yogourt et l'eau.

Ajoutez le concombre, la menthe et le zeste. Mélangez. Salez et poivrez.

Servez dans de petits bols. Arrosez d'un filet d'huile et décorez d'une feuille de menthe.

—

Note : Vous pouvez remplacer la menthe par une autre herbe. Ce yogourt accompagnera parfaitement vos plats de viande.

—

LABNEH ET SA GARNITURE

●

- · 250 ml (1 tasse) de labneh (p. 43)
- · 1 petite tomate en dés
- · 10 olives dénoyautées, en morceaux
- · 1 c. à thé de fines herbes (menthe, persil, thym) grossièrement hachées
- · 1 c. à thé de zaatar (p. 184)
- · Huile d'olive

250 ML (1 TASSE)

Remplissez un petit bol de labneh et couvrez-le de tomate, d'olives et de fines herbes. Saupoudrez de zaatar et arrosez d'huile d'olive.

Servez avec des morceaux de pain pita grillé (p. 30).

—

SAUCE YOGOURT À L'AIL

●

- · 1 gousse d'ail pressée
- · 1 c. à thé de sel
- · 250 ml (1 tasse) de yogourt
- · 2 c. à soupe d'eau

250 ML (1 TASSE)

Dans un petit bol, avec le dos d'une cuillère, pilez l'ail et 1 c. à thé de sel. Ajoutez le yogourt et l'eau. Fouettez pour obtenir une texture crémeuse.

—

BOULES DE LABNEH DANS L'HUILE D'OLIVE

●

- 1,5 l (6 tasses) de yogourt
- 3 c. à thé et plus de sel
- 125 ml (½ tasse) de zaatar (p. 184)
- Huile d'olive

2 BOCAUX DE 250 ML (1 TASSE)

Mélangez le yogourt et le sel.

Placez une étamine, un coton à fromage dans une passoire et mettez-y le yogourt salé.

Laissez égoutter au moins 48 h à la température ambiante. Si la température de la pièce est élevée, réfrigérez. Le labneh prend une consistance compacte et malléable.

À l'aide d'une cuillère à soupe, répartissez le labneh en petits tas sur une plaque tapissée de papier parchemin et placez au réfrigérateur au moins 12 h.

Façonnez des boules d'environ 3 cm (1 ¼ po) de diamètre.

Mettez le zaatar dans une assiette et roulez les boules, une à la fois, pour les enrober légèrement du mélange. Disposez-les de nouveau sur la plaque et réfrigérez au moins 2 h.

Répartissez les boules dans des bocaux et couvrez d'huile. Fermez les bocaux hermétiquement et conservez au réfrigérateur.

—

Note : Vous pouvez remplacer le zaatar par un hachis de vos fines herbes préférées, par des graines de sésame, du piment en flocons…

—

Les boules de labneh se conservent bien au réfrigérateur de 2 à 3 mois, mais ma famille en est si friande, que je dois en refaire toutes les semaines.

MIJOTÉ DE VIANDE AU YOGOURT

(*LABAN IMMO*)

●

- 2 c. à soupe d'huile d'olive
- 4 oignons en tranches
- 500 g (1 lb) de collier d'agneau ou de jarret de veau
- 1 c. à soupe de sept épices (p. 184)
- 2 feuilles de laurier
- 2 capsules de cardamome
- 750 ml (3 tasses) d'eau
- 2 l (8 tasses) de yogourt
- 3 c. à soupe de fécule de maïs
- 1 œuf battu
- 1 c. à soupe de vinaigre de vin blanc
- 1 c. à soupe de beurre
- 4 gousses d'ail pressées
- Sel et poivre

6 À 8 PERSONNES

Dans une casserole, à feu modéré-doux, chauffez l'huile et faites revenir l'oignon 5 min jusqu'à ce qu'il ramollisse sans colorer.

Coupez le collier d'agneau en cubes de 2 cm (¾ po). Salez et poivrez.

Ajoutez la viande, les sept épices, les feuilles de laurier et la cardamome dans la poêle. Faites dorer la viande uniformément. Versez 500 ml (2 tasses) d'eau et portez à ébullition. Aux premiers bouillons, baissez le feu, couvrez et laissez mijoter 1 h ou jusqu'à ce que la viande soit tendre (écumez au besoin). Retirez la cardamome et les feuilles de laurier. Réservez.

Dans une grande casserole, mélangez le yogourt, la fécule de maïs et l'eau restante. Incorporez l'œuf battu, et le vinaigre. À feu modéré-vif, portez à ébullition en remuant constamment (pour éviter la formation de grumeaux) jusqu'à ce que le mélange épaississe, puis baissez le feu.

Ajoutez la viande avec son bouillon, remuez et laissez mijoter 10 min.

Pendant ce temps, dans une poêle, à feu modéré-doux, faites fondre le beurre. Ajoutez l'ail et faites revenir 1 min. Incorporez le beurre assaisonné à la préparation de viande. Rectifiez l'assaisonnement.

Servez dans des assiettes creuses avec du riz pilaf aux vermicelles (p. 51).

—

Le *laban immo* est un yogourt cuit avec de la viande. Il est servi généralement avec du riz pilaf aux vermicelles.

RIZ PILAF AUX VERMICELLES

●

- 500 ml (2 tasses) de riz à grain moyen
- 2 c. à soupe d'huile ou de beurre
- 4 c. à soupe de vermicelles coupés
- 1 ½ c. à thé de sel
- 750 ml (3 tasses) d'eau chaude

6 PERSONNES

Lavez le riz jusqu'à ce que l'eau devienne claire et égouttez-le. Réservez.

Dans une cocotte, à feu modéré, chauffez l'huile et faites sauter les vermicelles jusqu'à ce qu'ils soient dorés.

Ajoutez le riz et, en remuant, faites-le revenir 2 min jusqu'à ce qu'il grésille.

Incorporez le sel et mouillez avec l'eau. Portez à ébullition et baissez le feu au minimum. Poursuivez la cuisson à couvert pendant 20 min.

Laissez reposer 5 min avant de servir.

—

HALLOUM
ET FETA

•

On trouve de nombreux types de fromages dans la cuisine libanaise : à base de lait de brebis, de vache, crémeux comme la feta ou ferme comme le halloum. Il a sa place aussi bien le matin à la table du petit-déjeuner que le soir comme dîner léger.

Au Liban, les fromages sont blancs et salés. En particulier le halloum que vous pourrez faire tremper dans l'eau 30 min avant de l'utiliser. Enfant, le sandwich au halloum était mon préféré à l'heure du goûter au retour de l'école, accompagné d'un thé noir brûlant, sucré et parfumé à la cannelle. —

GRILLED CHEESE, SALADE DE CONCOMBRES ET OLIVES

•

- · 4 tranches de brioche aux abricots secs et pistaches (p. 56) ou un pain aux noix et fruits séchés
- · Beurre fondu
- · 4 tranches de fromage halloum (p. 181) de 0,5 cm (¼ po) d'épaisseur

SALADE DE CONCOMBRES ET OLIVES
- · 2 concombres libanais en rubans
- · 20 olives noires dénoyautées, en morceaux
- · 1 c. à soupe d'huile d'olive
- · Basilic, persil, coriandre
- · Poivre

2 PERSONNES

Préchauffez le gril à panini. Vous pouvez aussi utiliser un poêlon à fond épais et un poids (une brique couverte de papier d'aluminium) pour presser sur le sandwich durant sa cuisson.

Badigeonnez légèrement de beurre un côté des tranches de brioche. Déposez le fromage sur la surface non beurrée de 2 tranches. Couvrez de l'autre tranche.

Faites griller jusqu'à ce que le dessous du sandwich soit bien doré. Retournez et poursuivez la cuisson jusqu'à ce que le fromage soit fondant.

Pendant ce temps, préparez la salade en combinant le concombre, les olives et l'huile. Poivrez et garnissez de la fine herbe de votre choix.

Coupez chaque sandwich en 2 et servez accompagné de la salade de concombres et olives.

—

L'inspiration : Une variante maison du bon vieux grilled cheese. L'idée d'y joindre l'olive et le concombre m'est venue presque naturellement, car, avec le fromage, ces deux ingrédients constituent les incontournables du petit-déjeuner traditionnel libanais.

BRIOCHE AUX ABRICOTS SECS ET PISTACHES

•

- 750 ml (3 tasses) de farine
- 4 c. à soupe de sucre
- 1 sachet de 8 g de levure instantanée
- ½ c. à thé de sel
- 125 ml (½ tasse) de lait
- 4 œufs
- 180 ml (¾ tasse) de beurre ramolli
- 125 ml (½ tasse) d'abricots secs en tranches fines
- 125 ml (½ tasse) de pistaches

1 PAIN BRIOCHÉ

Dans un grand bol, mélangez la farine, le sucre, la levure et le sel.

À l'aide d'un batteur électrique, incorporez le lait et 3 œufs jusqu'à ce que la pâte soit lisse, environ 3 min.

Ajoutez le beurre et continuez de battre de 3 à 5 min jusqu'à ce que le mélange soit homogène.

Placez la pâte dans un bol légèrement huilé. Couvrez d'une pellicule plastique, puis réfrigérez jusqu'au lendemain.

Beurrez un moule à pain de 11,5 x 25 cm (4 ½ po x 10 po).

Avec un rouleau à pâte, étendez la pâte pour obtenir un rectangle de 24 cm (9 ½ po) de largeur. Éparpillez les abricots et les pistaches. Roulez la pâte pour former une bûche et scellez-la bien.

Placez la pâte dans le moule, l'ouverture en dessous, et laissez lever à la température ambiante 3 h jusqu'à ce qu'elle double de volume.

Préchauffez le four à 180 °C (350 °F).

Dans un petit bol, battez l'œuf restant et badigeonnez-en le dessus de la pâte. Faites cuire au four 40 min jusqu'à ce que la brioche prenne une belle couleur dorée. La brioche est cuite lorsque vous entendez un son creux en tapotant le dessous.

Démoulez et laissez refroidir sur une grille.

—

Note : Pain, fruits secs, noix et fromage sont les composantes d'un grilled cheese (p. 54) à ma façon.

—

HALLOUM GRILLÉ

●

- · 1 bloc de 360 g (12 oz) de fromage halloum (p. 181)
- · 1 c. à thé de beurre

CONFITURE DE TOMATES (FACULTATIF)
- · 1 kg (2 lb) de tomates
- · 750 ml (3 tasses) de sucre
- · Zeste de 1 citron lavé

4 PERSONNES

Taillez 4 tranches de halloum d'une épaisseur d'environ 0,5 cm (¼ po). Si vous souhaitez dessaler légèrement le fromage, faites-le tremper dans l'eau 30 min.

Dans une poêle antiadhésive, à feu modéré, faites fondre le beurre.

Épongez les tranches de fromage et faites-les revenir 3 min de chaque côté jusqu'à ce qu'elles soient bien dorées.

Servez le halloum grillé aussitôt avec la confiture de tomates, si désiré, ou incorporez-le encore bien chaud dans un sandwich, une salade de légumes grillés…

Confiture de tomates

Dans une grande casserole remplie d'eau bouillante, plongez les tomates 30 s. Transférez-les dans un bac d'eau froide. Pelez-les et coupez-les en 8. Pressez chaque quartier entre les doigts afin d'éliminer le jus et les pépins.

Dans la même casserole, superposez, par couches successives, un tiers de la tomate, du sucre et du zeste de citron. Répétez l'opération. Laissez macérer le mélange jusqu'au lendemain à la température de la pièce.

À feu très doux, laissez mijoter 2 h en remuant de temps en temps. Écumez au besoin. Transvidez dans des bocaux stérilisés et conservez au réfrigérateur.

—

Ce petit extra fait tout son effet coupé en tranches fines ou en cubes et ajouté à une salade, à une soupe ou comme amuse-bouche. Il forme même un parfait mariage sucré-salé servi avec un fruit ou de la confiture. À la belle saison des tomates fraîches, je vous propose d'essayer cette confiture de tomates.

SALADE DE HALLOUM, PASTÈQUE ET BASILIC

●

- · 250 ml (1 tasse) de fromage halloum (p. 181) en cubes de 2 cm (¾ po)
- · 250 ml (1 tasse) de pastèque en cubes de 2 cm (¾ po)
- · 15 feuilles de basilic
- · 3 c. à soupe d'huile d'olive
- · ½ c. à thé de poivre rose grossièrement broyé

2 PERSONNES

Si vous souhaitez dessaler légèrement le fromage, faites-le tremper dans l'eau 30 min.

Épongez le halloum. Dans un bol à salade, mélangez-le délicatement à la pastèque.

Réservez quelques feuilles de basilic pour la décoration. Dans un récipient étroit et profond, combinez le reste du basilic, l'huile et le poivre rose. À l'aide d'un mélangeur à main, émulsionnez 1 min.

Versez sur la salade, remuez et décorez de quelques feuilles de basilic.

—

Le mariage classique du fromage et de la pastèque est lié à mes plus beaux souvenirs d'enfance : un merveilleux coupe-faim lors de chaudes journées d'été.

HALLOUM FONDANT ET TOMATES CERISES CONFITES

•

· 2 tranches de fromage
  halloum (p. 181) de 1 cm
  (⅜ po) d'épaisseur
· 2 c. à soupe d'huile d'olive
· ½ c. à thé de sucre
· 12 tomates cerises
· 2 c. à thé de zaatar (p. 184)
· Branches de thym
· Poivre

2 PERSONNES

Si vous souhaitez dessaler légèrement le fromage, faites-le tremper dans l'eau 30 min.

Préchauffez le four à 230 °C (450 °F).

Épongez le halloum et huilez les tranches sur toute leur surface.

Dans chaque petit plat individuel allant au four, mettez d'abord 1 c. à soupe d'huile, ¼ c. à thé de sucre et 6 tomates cerises. Remuez. Disposez 1 tranche de halloum, saupoudrez de 1 c. à thé de zaatar, éparpillez quelques brins de thym et poivrez.

Enfournez 10 min jusqu'à ce que le fromage soit fondant et les tomates cerises confites.

Servez avec du bon pain grillé.

—

TREMPETTE DE FETA ET PESTO

●

- 250 ml (1 tasse) de feta crémeuse
- 3 c. à soupe de pesto
- ½ c. à thé et plus de piment en flocons
- 2 c. à soupe d'huile d'olive
- 2 c. à soupe de tomate en dés
- Poivre

330 ML (1 ⅓ TASSE)

Dans un bol, écrasez le fromage à la fourchette, ajoutez le pesto, le piment et l'huile. Mélangez bien et poivrez.

Transvidez dans un joli bol et décorez avec les tomates.

Servez avec des pointes de pita frais ou grillé et des crudités.

—

Note : Vous pouvez remplacer le pesto par du basilic ciselé et des noix de pin (ou vos noix préférées) que vous aurez préalablement fait légèrement griller pour en accroître encore l'arôme. En saison, ajoutez une note plus aromatique à votre pesto classique en y incorporant des fines herbes comme l'origan, la sarriette ou le thym.

—

Une très belle version estivale de cette sauce. Elle me fait voyager sur le pourtour méditerranéen par un de ces après-midi gorgés de soleil, un verre de rosé à la main, où l'on déguste des galettes de pain plat au sésame grillé. À défaut de l'air marin, on s'invente le même plaisir chez soi, sur la terrasse ou au jardin, toujours en bonne compagnie.

BOULGOUR

•

Le boulgour (prononcé *borghol* en arabe) est un incontournable de la cuisine libanaise. Il peut à lui seul composer un plat ou constituer l'ingrédient de base d'un grand nombre de recettes plus élaborées. Pour l'obtenir, on fait bouillir du blé que l'on sèche traditionnellement au soleil sur le toit des maisons. Puis on l'envoie au moulin pour le concasser plus ou moins grossièrement. Le grain fin se consomme en taboulé et en kebbé (p. 68), tandis qu'un grain plus gros fera un excellent boulgour pilaf (p. 71-73). —

TOMATE IVRE AU BOULGOUR ET AUX FINES HERBES

•

- · 125 ml (½ tasse) de boulgour nº 1 (fin)
- · 2 c. à soupe de basilic finement haché
- · 1 c. à soupe de marjolaine finement hachée
- · 1 c. à soupe de menthe finement hachée
- · 1 c. à soupe de persil finement haché
- · 1 c. à thé de sept épices (p. 184)
- · 2 c. à soupe d'huile d'olive
- · Sel et poivre

TOMATE IVRE
- · 4 grosses tomates ou 8 à 12 petites tomates italiennes
- · ½ c. à thé de sumac (p. 184)
- · 2 c. à soupe d'arak (p. 181)*
- · Huile d'olive
- · Sel et poivre

* Vous pouvez remplacer l'arak par du pastis ou par un alcool anisé comme le Pernod.

4 À 6 PERSONNES

Trempez le boulgour dans l'eau 20 min. Égouttez et rincez jusqu'à ce que l'eau devienne claire. Égouttez bien avant de transférer dans un bol.

Ajoutez les fines herbes et les sept épices au boulgour. Salez, poivrez et incorporez l'huile.

Tomate ivre

Coupez le dessus des grosses tomates de façon à obtenir un chapeau. Si vous souhaitez préparer des amuse-bouches, taillez en 2 les tomates italiennes pour obtenir des barquettes.

À l'aide d'une cuillère, épépinez et retirez un peu de pulpe.

Saupoudrez l'intérieur des tomates de sumac. Salez, poivrez et arrosez d'arak. Laissez imbiber 15 min.

Remplissez les cavités de boulgour épicé. Les demi-tomates restent ouvertes, tandis que les tomates dont vous avez coupé le chapeau seront recouvertes.

Avant de servir, ajoutez un filet d'huile d'olive.

—

Note : Variez le mélange de fines herbes pour des saveurs différentes. Ainsi préparé, le boulgour peut servir de base à plusieurs recettes : en ajoutant de la tomate, du concombre et du poivron en dés, vous obtenez une délicieuse salade.

—

Je qualifie cette tomate d'«ivre» à cause de l'arak. Par sa fraîcheur, cette recette crée un effet certain. Elle fait parfois partie d'un mezzé à l'apéritif et accompagne aussi merveilleusement une viande rouge grillée.

KEBBÉ DE CITROUILLE AUX ÉPINARDS

•

- · 750 ml (3 tasses) de citrouille en morceaux
- · 1 pomme de terre en morceaux
- · 500 ml (2 tasses) de boulgour n° 1 (fin)
- · 125 ml (½ tasse) de farine
- · Zeste de 1 orange lavée
- · 1 c. à thé de sept épices (p. 184)
- · ½ c. à thé de cannelle
- · 1 c. à thé de cumin
- · Huile d'olive
- · Sel et poivre

GARNITURE D'ÉPINARDS (P. 70)

8 PERSONNES

Faites griller au four ou bouillir la citrouille et la pomme de terre jusqu'à ce qu'elles soient tendres.

Dans un grand bol, à l'aide d'un pilon, écrasez les légumes.

Rincez le boulgour jusqu'à ce que l'eau devienne claire. Égouttez et transférez dans le bol du robot culinaire.

Ajoutez les légumes écrasés, la farine, le zeste d'orange, les épices, le sel et le poivre. Broyez pour obtenir un mélange homogène. Si le mélange est trop humide, ajoutez 1 ou 2 cuillerées de farine. Rectifiez l'assaisonnement. Laissez reposer au réfrigérateur 1 h.

Pendant ce temps, préparez la garniture d'épinards.

Préchauffez le four à 200 °C (400 °F). Huilez un plat rond allant au four de 30 cm (12 po) de diamètre.

Divisez le mélange en 2 parts égales. Étalez la première part dans le fond du plat (trempez vos mains sous l'eau froide de temps en temps). Étalez la garniture d'épinards.

Pour couvrir le kebbé, mettez une petite quantité de la deuxième part de légumes entre les paumes des mains et aplatissez-la en galette de 1,5 cm (½ po) d'épaisseur. Déposez-la sur les épinards. Répétez l'opération. Lissez bien la surface avec les mains humides en pressant légèrement.

À l'aide d'un petit couteau pointu, découpez le kebbé d'abord en quatre pointes. Nettoyez le couteau et divisez chaque pointe en petits losanges. Piquez les losanges pour éviter que le kebbé gonfle. Faites un trou au milieu.

Badigeonnez d'huile et enfournez 45 min ou jusqu'à ce que le pourtour soit doré.

Laissez reposer 10 min avant de servir, car le kebbé est meilleur consommé tiède. À midi, une simple salade verte en fera un repas complet.

Au Liban, la citrouille se déguste en kebbé, mélangée à du boulgour fin, en soupe ou en purée. On la trouve aussi sucrée sous forme de confit.

- 300 g (10 ½ oz) d'épinards hachés
- 2 c. à soupe d'huile d'olive
- 250 ml (1 tasse) d'oignons hachés
- 1 c. à soupe de sumac (p. 184)
- 2 c. à soupe de pois chiches
- 1 c. à soupe de mélasse de grenade (p. 182)
- 2 c. à soupe de graines de grenade (facultatif)
- Sel et poivre

Garniture d'épinards

Dans une poêle, à feu modéré-doux, faites sauter les épinards à sec. Une fois refroidis, essorez-les bien et mettez-les dans un bol.

Chauffez l'huile dans la même poêle et faites revenir l'oignon 5 min jusqu'à ce qu'il soit transparent. Transvidez dans le bol avec les épinards. Ajoutez le sumac, les pois chiches, la mélasse de grenade et, si désiré, les graines de grenade. Mélangez, salez, poivrez et réservez.

—

La grenade représente trois de mes éléments préférés : la fleur, pour son aspect transparent et solide, ses graines, pour la complexité de la saveur (de l'âcre au doux), et la réduction en mélasse que j'utilise dans presque toutes mes préparations.

BOULGOUR PILAF AUX VERMICELLES

●

· 500 ml (2 tasses) de
  boulgour n° 3 (gros)
· 3 c. à soupe d'huile d'olive
· 4 c. à soupe de vermicelles
· 1 c. à thé de carvi moulu
· 750 ml (3 tasses)
  d'eau chaude
· 1 ½ c. à thé de sel

6 PERSONNES

Rincez le boulgour jusqu'à ce que l'eau devienne claire. Égouttez et réservez.

Dans une casserole, à feu modéré, chauffez l'huile et faites sauter les vermicelles jusqu'à ce qu'ils prennent une belle couleur dorée.

Ajoutez le boulgour et remuez de 2 à 3 min jusqu'à ce que celui-ci grésille.

Incorporez le carvi, le sel et mouillez avec l'eau chaude. Portez à ébullition et baissez le feu au minimum. Poursuivez la cuisson à couvert pendant 20 min.

Laissez reposer 5 min avant de servir.

—

BOULGOUR PILAF VÉGÉTARIEN

●

- 500 ml (2 tasses) de boulgour nº 3 (gros)
- 2 c. à soupe d'huile d'olive
- 1 gros oignon finement émincé
- 750 ml (3 tasses) d'eau chaude
- 250 ml (1 tasse) de tomates concassées ou en conserve
- ½ c. à thé de piment en flocons (facultatif)
- Sel et poivre

4 PERSONNES

Rincez le boulgour jusqu'à ce que l'eau devienne claire. Égouttez et réservez.

Dans une casserole, à feu modéré, chauffez l'huile et faites revenir l'oignon 5 min jusqu'à ce qu'il soit légèrement coloré.

Incorporez le boulgour en remuant de 2 à 3 min jusqu'à ce qu'il grésille.

Versez l'eau chaude, la tomate et le piment. Salez et poivrez. Augmentez le feu et laissez bouillir 2 min en remuant régulièrement.

Couvrez, baissez le feu et laissez mijoter 20 min ou jusqu'à ce que le liquide soit pratiquement absorbé et le boulgour moelleux. Rectifiez l'assaisonnement.

Vous pouvez accompagner ce pilaf de tranches de radis, de petits oignons verts en tronçons et d'olives hachées.

—

Rapide, économique, préparé en un tournemain, ce mets est réconfortant et nutritif. Comme plat principal ou en accompagnement d'une viande.

BOULGOUR PILAF À LA VIANDE

●

· 4 jarrets de veau ou
  d'agneau ou 700 g (1 ½ lb)
  de viande à braiser*,
  en cubes
· 3 c. à soupe d'huile d'olive
· 1 petit oignon piqué de
  2 clous de girofle
· 2 feuilles de laurier
· 1 petit bâton de cannelle
· 2 capsules de cardamome
· 1 l (4 tasses) d'eau
· Sel et poivre

BOULGOUR PILAF
· 500 ml (2 tasses) de
  boulgour n° 3 (gros)
· 2 c. à soupe d'huile d'olive
· 1 oignon moyen émincé
  finement
· 750 ml (3 tasses) de jus
  de cuisson de la viande
· 160 ml (⅔ tasse) de
  pois chiches
· 1 c. à soupe de sept
  épices (p. 184)
· 1 c. à thé de carvi moulu
· Sel et poivre

**ACCOMPAGNEMENT
(FACULTATIF)**
· Yogourt et menthe hachée

* Si vous utilisez une
viande à braiser, ajoutez
des os à moelle pour une
saveur plus riche.

4 À 6 PERSONNES

Chauffez le four à 180 °C (350 °F).

Salez et poivrez les jarrets.

Dans une cocotte allant au four, à feu modéré-vif, chauffez l'huile et saisissez la viande 6 min ou jusqu'à ce qu'elle soit bien dorée. À mi-temps, ajoutez l'oignon et faites-le colorer.

Ajoutez les feuilles de laurier, la cannelle et la cardamome, puis versez l'eau. Salez et poivrez.

Portez à ébullition, couvrez la cocotte et mettez au four 1 h ou jusqu'à ce que la viande soit tendre. Mesurez 750 ml (3 tasses) de jus de cuisson, retirez l'oignon et réservez la viande au chaud.

Boulgour pilaf

Rincez le boulgour jusqu'à ce que l'eau devienne claire. Égouttez.

Dans une casserole, à feu modéré, chauffez l'huile et faites revenir l'oignon 5 min jusqu'à ce qu'il soit légèrement coloré.

Incorporez le boulgour en remuant de 2 à 3 min jusqu'à ce qu'il grésille.

Ajoutez le jus de cuisson réservé, les pois chiches et les épices. Salez et poivrez. Augmentez le feu et laissez bouillir 2 min en remuant régulièrement.

Couvrez, baissez le feu et laissez mijoter 20 min ou jusqu'à ce que le liquide soit pratiquement absorbé et le boulgour moelleux. Rectifiez l'assaisonnement.

Servez la viande braisée sur un lit de boulgour pilaf et, si désiré, accompagnez ce plat de yogourt parfumé à la menthe.

—

Le boulgour ayant un goût neutre, il se marie bien aux épices, les fines comme les plus parfumées.

TARTARE AU BOULGOUR, FINES HERBES ET SEPT ÉPICES

●

- 500 g (1 lb) d'agneau ou de chèvre*
- 2 c. à soupe d'huile d'olive
- 125 ml (½ tasse) de boulgour n° 1 (fin)
- ½ c. à thé de sept épices (p. 184)
- 1 c. à thé de marjolaine ou d'origan secs
- ¼ c. à thé de cumin
- 2 boutons de rose séchés écrasés au mortier (facultatif)
- 2 c. à soupe de menthe finement hachée
- 1 c. à soupe de persil finement haché
- 1 c. à soupe de basilic finement haché
- 1 oignon vert finement émincé
- Sel et poivre

* Demandez au boucher de vous donner la viande la plus maigre possible et assurez-vous de sa fraîcheur.

3 À 5 PERSONNES

Coupez la viande avec un couteau bien aiguisé en tout petits dés.

Mettez la viande dans un bol. Enrobez-la d'une cuillerée d'huile en travaillant avec les mains.

Posez une pellicule plastique directement sur la viande, ce qui évacuera l'air. Ainsi, la viande gardera sa couleur vive. Placez au réfrigérateur.

Dans un bol, mélangez tous les autres ingrédients à l'exception de l'huile afin d'obtenir une texture de chapelure.

Au moment de servir, incorporez ce mélange à la viande. Ajoutez la cuillère d'huile restante. Goûtez et rectifiez l'assaisonnement.

Servez ce tartare avec des fines tranches de radis, des marinades, des pommes frites ou allumettes, simplement une salade de verdure (roquette, cresson et menthe aromatisés d'huile, de sel et de poivre).

—

Note : En ajustant les épices et les fines herbes, vous créez le tartare qui vous convient.

—

L'inspiration : Le kebbé nayé occupe une place privilégiée dans mon cœur. Cette viande crue était l'un des plats préférés de mon père, qu'il savourait en sirotant un arak glacé dans un verre de cristal fin comme du papier de soie. Il disait toujours : « Il y a le kebbé nayé et le kebbé nayé de chèvre », comme s'il disait qu'on ne peut confondre les œufs de lompe avec le caviar. Il est vrai que la chair de la chèvre est extrêmement goûteuse, l'animal ne se nourrissant que des feuilles d'arbre et d'arbuste les plus tendres. Après avoir cérémonieusement mêlé le sel et le poivre à la partie la plus tendre de la viande, entre les côtes les plus basses et le râble, il poursuivait en coupant de plus gros morceaux dans le cuissot. Ma mère les transformait avec le boulgour fin et les fines herbes.

AUBERGINES

.

Selon un très joli dicton, si, durant la saison des aubergines, une femme a l'intention de servir autre chose à son mari, c'est un motif légitime pour exiger le divorce! L'aubergine est omniprésente dans les marchés et les maisons, de la plus modeste ferme aux demeures cossues des quartiers riches. Généreuse, elle se décline sous toutes sortes de formes (allongée, moyenne ou très petite) et de couleurs (blanche, noire, mauve ou bicolore – ce qu'on appelle « aubergine graffiti » en Amérique du Nord). Elle se prête à une multitude de recettes, simples ou élaborées. Grillée avec la peau, gratinée, farcie de viande hachée et de noix de pin, réduite en purée, sa chair sucrée est succulente. Dans certaines régions du Liban, on prépare même une délicieuse confiture d'aubergines (oui, oui, de la confiture) dans laquelle le fruit, confit, devient presque translucide. Quant aux habitants de la vallée de la Bekaa, le grenier du Liban, ils lui réservent un traitement royal en concoctant le *makdous*; suivant un long procédé traditionnel, ils mettent en bocal de miniaubergines garnies de noix, d'ail, de poivron et de piment fort et recouvertes d'huile d'olive. On les dégustera au fil des mois, durant toute une année, jusqu'à la saison suivante. De quoi préserver l'harmonie des ménages… —

BABA GHANNOUJ

(CAVIAR D'AUBERGINE)

●

- · 2 aubergines italiennes
- · 1 gousse d'ail hachée
- · 1 pincée de cumin (facultatif)
- · 2 c. à soupe de tahini (p. 184)
- · Jus de 1 citron
- · 1 c. à soupe de yogourt
- · Huile d'olive
- · Sel et poivre

4 PERSONNES

Allumez le gril du four et faites griller les aubergines avec leur peau en les retournant de temps en temps jusqu'à ce qu'elles soient bien colorées sur toute leur surface. La chair doit être tendre au toucher.

Laissez-les refroidir avant de les manipuler et de retirer la peau. Coupez en morceaux.

Dans un mortier profond ou un bol, à l'aide d'un pilon, écrasez l'ail avec une pincée de sel et, si désiré, le cumin. Ajoutez les aubergines et continuez à piler jusqu'à ce que vous obteniez la consistance désirée. (Je préfère conserver des morceaux d'aubergine pour une texture moins homogène.)

Incorporez le tahini, progressivement le jus de citron, puis le yogourt. Salez et poivrez.

Vous pourriez suivre ces étapes en utilisant un robot culinaire. Mixez les ingrédients au fur et à mesure jusqu'à l'obtention d'une consistance crémeuse.

Transférez dans un bol. Versez un filet d'huile d'olive et servez avec du pita grillé nature ou parfumé au zaatar (p. 30) et des crudités.

Le baba ghannouj se conserve dans un bocal hermétique une semaine.

—

Réaliser que l'aubergine farcie et le baba ghannouj venaient du même légume a été une véritable révélation dans mon enfance ! Les baba ghannouj industriels proposent des versions intéressantes de la recette de caviar d'aubergine que l'on trouve dans toutes les cuisines du Moyen-Orient. Les recettes maison sont infiniment plus nuancées et se réalisent en un tour de main.

AUBERGINES GRILLÉES EN SALADE

•

- · 2 aubergines italiennes
- · 1 gousse d'ail hachée
- · 1 pincée de cumin (facultatif)
- · Jus de 1 citron
- · 1 oignon vert en fines rondelles
- · 1 tomate épépinée en dés
- · 1 poivron vert en dés
- · 2 c. à soupe de persil haché
- · 3 c. à soupe d'huile d'olive
- · Sel et poivre

2 À 4 PERSONNES

Allumez le gril du four et faites griller les aubergines avec leur peau en les retournant de temps en temps jusqu'à ce qu'elles soient bien colorées sur toute leur surface afin d'obtenir une chair tendre. (On peut aussi les griller au barbecue.)

Laissez-les refroidir avant de les manipuler et de retirer la peau. Coupez en morceaux.

Dans un mortier profond ou un bol, à l'aide d'un pilon, écrasez l'ail avec une pincée de sel et, si désiré, le cumin. Ajoutez l'aubergine, le jus de citron et mélangez.

Dans un autre bol, mélangez l'oignon vert, la tomate, le poivron, le persil, salez, poivrez et arrosez d'huile.

Dans une assiette de service, étalez l'aubergine et garnissez avec le mélange de légumes assaisonnés.

—

Pourquoi l'aubergine ? Pour sa forme sensuelle et élégante, pour la nuance des couleurs, pour sa peau si douce au toucher, pour sa chair sucrée et pour la lumière qui s'y reflète.

AUBERGINES AUX ŒUFS ET SUMAC

•

- · 2 c. à soupe d'huile d'olive
- · 125 ml (½ tasse) d'oignon finement haché
- · 2 gousses d'ail pressées
- · 500 ml (2 tasses) d'aubergines en dés
- · 4 œufs
- · ½ c. à thé de sumac (p. 184)
- · 1 c. à soupe de persil ou d'aneth hachés
- · Sel et poivre

2 PERSONNES

Dans une poêle antiadhésive de 20 cm (8 po) de diamètre, à feu modéré-doux, chauffez l'huile et faites sauter l'oignon 5 min jusqu'à ce qu'il soit transparent. Ajoutez l'ail, l'aubergine et poursuivez la cuisson 10 min jusqu'à ce que les légumes soient uniformément dorés.

Faites 2 puits dans la préparation et cassez un œuf au-dessus de l'espace dégagé. Salez et poivrez. Couvrez, baissez le feu et faites cuire 5 min jusqu'à ce que les œufs soient cuits.

Saupoudrez de sumac, parsemez de persil et placez la poêle au centre de la table.

—

Une plus grande poêle et la recette se double aisément.

NAPOLÉON D'AUBERGINES ET POIS CHICHES

•

- · 4 aubergines italiennes
- · 310 ml (1 ¼ tasse) d'huile d'olive
- · 2 gros oignons en tranches fines
- · 6 gousses d'ail en tranches fines
- · 125 ml (½ tasse) de tomates séchées en morceaux
- · 125 ml (½ tasse) de pois chiches
- · 1 boîte de 298 ml (14 oz) de tomates en dés
- · 60 ml (¼ tasse) de persil haché
- · Sel et poivre

4 PERSONNES

Taillez l'aubergine en tranches de 1 cm (⅜ po) d'épaisseur. Salez l'aubergine et laissez dégorger dans une passoire 30 min. Épongez les tranches avec du papier absorbant.

Dans une poêle profonde, à feu modéré-vif, chauffez l'huile, à l'exception de 2 cuillerées, et faites frire les tranches d'aubergines, quelques-unes à la fois jusqu'à ce qu'elles soient dorées. Déposez-les sur du papier absorbant afin d'éliminer l'excédent d'huile.

Dans une cocotte, chauffez les 2 cuillerées d'huile réservées et faites blondir les tranches d'oignons 8 min. Ajoutez l'ail et la tomate séchée et poursuivez la cuisson 2 min de plus.

Ajoutez les pois chiches, les dés de tomates, le sel et le poivre.

Couvrez la cocotte et laissez cuire à feu modéré 15 min ou jusqu'à ce que la sauce épaississe.

Montez les assiettes en alternant, d'abord une cuillerée du mélange de pois chiches, recouvert d'une tranche d'aubergine. Répétez l'opération en terminant par une tranche d'aubergine.

Saupoudrez du hachis de persil. Ce plat est à son meilleur servi à la température ambiante.

Vous pouvez aussi présenter le napoléon dans un plat de service.

—

Note : Pour une version allégée, faites griller les tranches d'aubergines légèrement badigeonnées d'huile, au four à 200 ºC (400 ºF).

—

L'inspiration : Grâce à l'abondance de légumes et en raison de la règle d'abstinence de viande observée par les chrétiens durant le carême, la cuisine libanaise regorge de plats végétariens. Si, à l'origine, on servait exclusivement cette recette en mezzé, elle accompagne aujourd'hui magnifiquement la viande, la volaille ou le poisson. Ma moussaka maison.

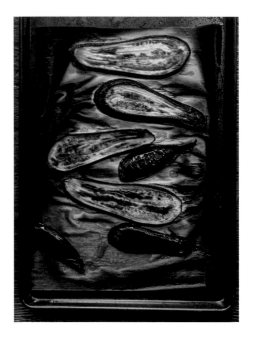

AUBERGINES FARCIES DE VIANDE HACHÉE

(SHEIKH EL MEHCHI)

●

- 1 kg (2 lb) de petites aubergines
- 4 c. à soupe d'huile d'olive
- 1 oignon moyen finement haché
- 300 g (10 ½ oz) de bœuf ou d'agneau hachés
- 1 ½ c. à thé de sept épices (p. 184)
- 125 ml (½ tasse) de noix de pin grillées
- 500 ml (2 tasses) de tomates concassées ou en conserve
- Sel et poivre

6 À 8 PERSONNES

Allumez le gril du four et déplacez la grille sous l'élément chauffant du haut.

Pelez les aubergines sur la longueur en conservant quelques bandes de peau et le pédoncule. Badigeonnez de 2 cuillerées d'huile et salez.

Placez les aubergines sur une plaque tapissée de papier parchemin et faites-les griller jusqu'à ce qu'elles soient tendres et légèrement colorées. Surveillez la cuisson et retournez-les fréquemment.

Dans une poêle, à feu modéré, chauffez les 2 cuillerées d'huile restantes et faites revenir l'oignon 8 min jusqu'à ce qu'il commence à colorer. Ajoutez la viande et poursuivez la cuisson en détachant les grains avec une fourchette. Lorsque la viande est cuite, assaisonnez avec les sept épices, salez et poivrez. Ajoutez les noix de pin.

Préchauffez le four à 180 °C (350 °F).

Ouvrez les aubergines dans le sens de la longueur. À l'aide d'une cuillère, tassez légèrement la chair et farcissez chaque aubergine d'une cuillerée comble de la garniture de viande.

Couvrez le fond d'un plat allant au four de tomate concassée. Salez et poivrez. Disposez les aubergines farcies. Couvrez de papier d'aluminium et faites cuire au four 25 min jusqu'à ce que la chair des aubergines soit tendre.

Vous pouvez accompagner ce plat de riz pilaf aux vermicelles (p. 51).

—

L'inspiration : Les légumes farcis sont un héritage de la cuisine ottomane. *Sheikh el mehchi* pourrait être considéré comme le roi des légumes farcis de la cuisine libanaise. Le mets offrant les saveurs les plus riches.

BARQUETTES D'AUBERGINES AU CANARD CONFIT

•

- · 4 aubergines italiennes
- · 2 c. à soupe d'huile d'olive
- · 3 échalotes françaises hachées
- · 2 gousses d'ail hachées
- · 250 g (9 oz) de canard confit
- · 250 ml (1 tasse) de bouillon de poulet
- · ½ c. à thé de sept épices (p. 184)
- · 2 c. à soupe de noix de pin grillées
- · Persil haché (facultatif)
- · Sel et poivre

4 PERSONNES

Allumez le gril du four et déplacez la grille sous l'élément chauffant du haut.

Coupez les aubergines en 2 dans le sens de la longueur en conservant le pédoncule. Quadrillez la chair avec un couteau. Salez et badigeonnez d'une cuillerée d'huile. Placez-les sur une plaque tapissée de papier parchemin.

Faites rôtir les demi-aubergines sous le gril jusqu'à ce qu'elles soient tendres et légèrement colorées. Surveillez la cuisson qui ne durera que quelques minutes.

Dans une poêle, à feu modéré, chauffez 1 cuillerée d'huile et faites sauter l'échalote 1 min jusqu'à ce qu'elle soit translucide. Ajoutez l'ail et poursuivez la cuisson en remuant 1 min de plus.

Effilochez le canard confit en gros morceaux et mettez-le dans la poêle. Versez la moitié du bouillon, saupoudrez de sept épices, salez et poivrez. Mélangez bien et laissez cuire jusqu'à ce qu'il ne reste presque plus de liquide.

Préchauffez le four à 190 °C (375 °F).

Répartissez la préparation de canard sur les aubergines et déposez-les dans un plat allant au four.

Salez et poivrez le reste du bouillon et versez-le autour des aubergines. Couvrez de papier d'aluminium. Enfournez de 30 à 40 min jusqu'à ce que la chair des aubergines soit tendre.

Au moment de servir, parsemez de noix de pin et, si désiré, de persil.

—

Note : Vous pourriez accompagner ce plat d'un chutney aux fruits.

—

Voici une variante du *Sheikh el mehchi* (p. 84). Ici, la viande hachée a été remplacée par du canard confit, qui se marie parfaitement avec le goût sucré de la chair d'aubergine. Un plat rustique et réconfortant.

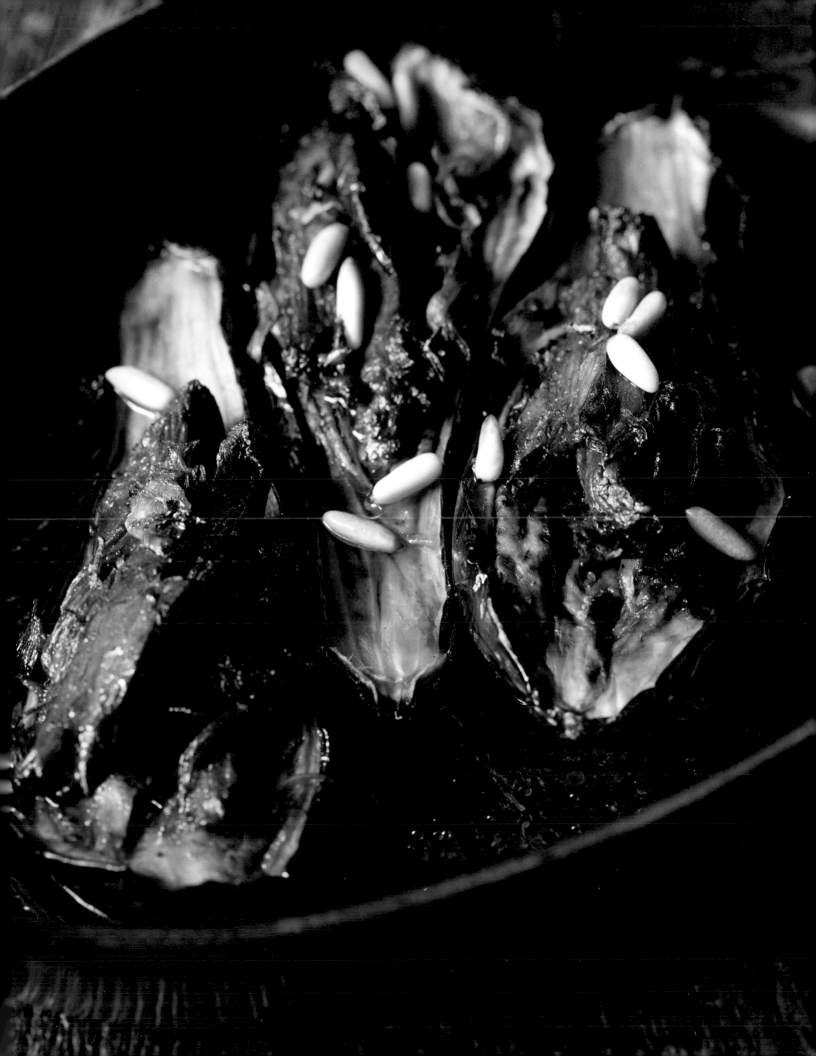

POIS CHICHES

.

En arabe, le mot *hommos* veut dire « pois chiche ». Il s'emploie également pour désigner la préparation à base de pois chiches, de tahini et de jus de citron qu'est le *hommos bil tahini* (p. 90). Le Moyen-Orient est le pays d'origine de cette légumineuse que l'on cultive depuis des millénaires et qui, de l'Inde à l'Amérique du Sud, a conquis le monde entier. —

HOMMOS

(PURÉE DE POIS CHICHES)

●

- 500 ml (2 tasses) de pois chiches
- 4 c. à soupe de tahini*
- 4 c. à soupe de jus de citron
- ½ c. à thé de cumin
- 125 ml (½ tasse) d'eau
- Poivrons grillés sans la peau (facultatif)
- 1 gousse d'ail (facultatif)
- 1 c. à soupe de noix de pin grillées (facultatif)
- Huile d'olive
- Sel et poivre

* Mélangez bien le tahini dans le bocal avant l'utilisation.

625 ML (2 ½ TASSES)

Dans le bol du robot culinaire ou du mélangeur, combinez les pois chiches, le tahini, le jus de citron et le cumin. Salez suffisamment et poivrez. Broyez par touches successives jusqu'à l'obtention d'une purée lisse, en ajoutant peu à peu l'eau.

Cette recette de base se prête à de nombreuses variations : au moment de broyer, ajoutez des poivrons grillés, de l'ail ou décorez avec des noix de pin légèrement grillées pour une saveur plus soutenue et arrosez d'un filet d'huile.

Servez cette purée de pois chiches en trempette avec des crudités, en bouchées apéritives ou en condiment avec des grillades. Vous pouvez aussi en faire une variante plus liquide comme sauce d'accompagnement à tous les poissons et les viandes, notamment l'agneau.

—

Le terme « hommos » est utilisé aujourd'hui à tort et à travers pour désigner toutes sortes de purées. On parle de hommos de lentilles ou d'edamames alors que ce terme devrait se rapporter exclusivement à la purée de pois chiches.

SAUCISSES LIBANAISES, HOMMOS ET TOMATES CERISES

●

- 500 g (1 lb) de *makanek* (petites saucisses libanaises), de merguez ou de saucisses italiennes
- 1 c. à thé d'huile d'olive
- 2 c. à soupe et plus de mélasse de grenade (p. 182) ou de vinaigre balsamique
- 12 tomates cerises
- 500 ml (2 tasses) de hommos (p. 90)
- 1 c. à soupe de persil haché

4 À 6 PERSONNES

Si vous utilisez des merguez ou des saucisses italiennes, faites-les cuire préalablement dans l'eau salée 2 min et tranchez-les.

Dans une poêle, à feu modéré-vif, chauffez l'huile et faites cuire les saucisses libanaises entières ou les morceaux de merguez et de saucisses italiennes jusqu'à ce qu'ils soient grillés. Si nécessaire, retirez l'excédent de gras.

Ajoutez la mélasse de grenade, remuez pour bien enrober les saucisses et poursuivez la cuisson 2 min. Éteignez le feu et ajoutez les tomates cerises.

Mettez le hommos dans un plat de service. Creusez un puits au centre et disposez les saucisses et les tomates cerises. Arrosez d'un filet de mélasse de grenade et garnissez de persil.

—

Note : Vous pouvez confectionner avec ces ingrédients un savoureux sandwich dans un pain pita.

—

L'inspiration : Dans les mezzés libanais typiques, les petites saucisses libanaises et le hommos sont deux incontournables. C'est d'ailleurs une bonne idée de les présenter ensemble pour savourer le contraste entre le crémeux de la purée de pois chiches et la texture de la saucisse épicée, y compris celui de la température.

COCKTAIL DE FALAFELS

●

- · 500 ml (2 tasses) de fèves sèches (gourganes) cassées ou entières
- · 250 ml (1 tasse) de pois chiches secs
- · 1 gros oignon en 8 quartiers
- · 6 gousses d'ail
- · 250 ml (1 tasse) de persil haché grossièrement
- · 250 ml (1 tasse) de coriandre hachée grossièrement
- · 125 ml (½ tasse) de menthe hachée grossièrement
- · 1 c. à thé de piment de Cayenne (facultatif)
- · 2 ½ c. à thé de coriandre moulue
- · 1 ½ c. à thé de cumin
- · 1 c. à thé de paprika
- · Bicarbonate de soude
- · Graines de sésame
- · Huile végétale pour la friture
- · Sel et poivre

CONDIMENTS

- · 125 ml (½ tasse) de sauce tahini (p. 184)
- · 125 ml (½ tasse) de menthe hachée
- · 125 ml (½ tasse) de persil haché
- · 2 oignons verts émincés
- · 125 ml (½ tasse) de navets marinés ou de marinade de votre choix, en dés
- · 1 grosse tomate mûre mais ferme en dés

6 À 8 PERSONNES

Laissez tremper les fèves et les pois chiches 12 h.

Égouttez les légumineuses et mettez-les dans le bol du robot culinaire avec l'oignon, l'ail, les herbes et les épices. Salez et poivrez. Broyez par touches successives jusqu'à l'obtention d'une pâte homogène et juste assez compacte pour façonner des boulettes. Ajoutez un peu d'eau, au besoin.

Avant de faire frire, ajoutez à la pâte ½ c. à thé de bicarbonate de soude pour chaque 500 ml (2 tasses) de pâte et mélangez avec les mains.

Façonnez des boulettes de 1,5 cm (½ po) de diamètre. Roulez-les dans une petite assiette remplie de graines de sésame.

Chauffez l'huile à feu moyen-vif dans une casserole et faites frire une petite quantité de falafels à la fois. Lorsqu'ils sont bien dorés, mettez-les sur du papier absorbant.

Préparez la sauce tahini.

Répartissez les condiments dans des petits bols et déposez au-dessus 5 ou 6 boulettes.

Nappez de sauce tahini.

Vous pouvez congeler le mélange de falafel. Avant de l'utiliser, pressez bien la pâte pour éliminer l'excédent de liquide que la congélation aurait causé.

—

Note : Pour ajouter un élément de surprise, avec la même pâte, formez de petites galettes que vous farcirez, juste avant de les frire, d'un mélange de fromage feta et de tomates séchées. Présentez ces galettes sur une salade verte et nappez de sauce tahini.

—

L'inspiration : Les falafels traditionnels, une des grandes spécialités de la cuisine de rue.

SOUPE AU POULET RUSTIQUE

●

· 1 poulet de 1,5 kg (3 lb) en
  4 morceaux
· 5 c. à soupe d'huile d'olive
· 2 l (8 tasses) d'eau
· 1 bâton de cannelle
· 2 feuilles de laurier
· 3 capsules de cardamome
· 1 petit oignon piqué de
  2 clous de girofle
· 500 ml (2 tasses) d'oignons
  en tranches
· 1 c. à thé de carvi moulu
· ½ c. à thé de cannelle
· ½ c. à thé de cumin
· 1 c. à soupe de safran
  américain*
· 250 ml (1 tasse) de
  pois chiches
· Sel et poivre

* Le safran américain
est aussi appelé «faux-
safran». On peut le
remplacer par ½ c. à
thé de curcuma et de
paprika mélangés.

6 PERSONNES

Salez et poivrez les morceaux de poulet.

Dans une grande casserole, à feu modéré,
chauffez 3 cuillerées d'huile et faites revenir
le poulet pour obtenir une belle coloration.

Ajoutez l'eau, la cannelle, les feuilles de laurier,
la cardamome et l'oignon entier.

Portez à ébullition, et faites bouillir 5 min, en
écumant. Baissez le feu à modéré-doux, couvrez
et poursuivez la cuisson 30 min ou jusqu'à ce que
le poulet soit cuit.

Retirez le poulet et laissez tiédir. Filtrez le
bouillon et réservez.

Dès que vous pouvez manipuler le poulet,
désossez-le. Coupez en morceaux.

Dans une casserole, à feu modéré, chauffez les
2 cuillerées d'huile restantes et faites sauter
l'oignon haché avec le carvi, la cannelle, le cumin
et le safran américain 8 min jusqu'à ce qu'il
devienne transparent.

Versez le bouillon, remettez le poulet et ajoutez
les pois chiches. Rectifiez l'assaisonnement et
réchauffez de 5 à 10 min.

Versez dans des assiettes creuses cette
soupe-repas telle quelle ou garnissez chaque
portion de 2 cuillerées de boulgour pilaf aux
vermicelles (p. 71).

—

Cette soupe procure l'envoûtement des
épices du marché. Un plaisir pour les yeux,
un voyage pour les sens.

SALADE DE POIS CHICHES

●

- · 500 ml (2 tasses) de pois chiches
- · 250 ml (1 tasse) de concombre en dés
- · 250 ml (1 tasse) de tomate épépinée, en dés
- · 125 ml (½ tasse) de poivron (rouge, jaune ou vert) en dés
- · 125 ml (½ tasse) d'oignon rouge finement haché
- · 60 ml (¼ tasse) de persil haché
- · 60 ml (¼ tasse) de menthe hachée
- · 4 c. à soupe de jus de citron
- · 1 c. à thé de sumac (p. 184)
- · ¼ c. à thé de cumin
- · 4 c. à soupe d'huile d'olive
- · Sel et poivre

4 PERSONNES

Dans un bol à salade, mélangez les pois chiches, le concombre, la tomate, le poivron, l'oignon, le persil et la menthe.

Préparez la vinaigrette. Dans un petit bol, fouettez le jus de citron, le sumac, le cumin, le sel et le poivre et l'huile.

Versez la vinaigrette sur la salade et mélangez bien.

Cette salade peut être dégustée seule ou comme accompagnement de grillades.

—

Le pois chiche est la légumineuse adorée des Libanais. Comme élément de base dans le hommos, servi en falafels ou en salade.

JOUES DE VEAU BRAISÉES, PITA GRILLÉ

●

- 8 joues de veau parées*
  de 1 kg (2 lb)
- 4 c. à soupe de farine
- 1 c. à thé de sel
- 1 c. à thé de poivre
- 5 c. à soupe d'huile d'olive
- 1 carotte moyenne
  en rondelles
- 1 gros oignon haché
- 3 gousses d'ail hachées
- 1 c. à soupe de graines
  de coriandre
- 3 capsules de cardamome
- 5 baies de genièvre
  écrasées
- 2 feuilles de laurier
- 1 bâton de cannelle de
  2 cm (¾ po)
- ½ c. à thé de grains
  de poivre
- 250 ml (1 tasse) de
  vin blanc
- 500 ml (2 tasses) et plus
  de bouillon ou de fond
  de veau
- 250 ml (1 tasse) de pois
  chiches
- Sel et poivre

ACCOMPAGNEMENT
- Sauce yogourt à l'ail
  (p. 46)

GARNITURES
- Carrés de 2 cm (¾ po)
  de pain pita grillé (p. 30)
- 2 c. à soupe de noix de
  pin grillées
- 2 c. à soupe de
  persil ciselé

  * Demandez au boucher
  de le faire pour vous.

4 À 6 PERSONNES

Si les joues de veau n'ont pas été parées, éliminez le gras. Dans une assiette creuse, mélangez la farine, le sel et le poivre. Farinez les joues et réservez.

Dans une poêle, à feu modéré, chauffez 3 cuillerées d'huile et faites revenir les joues de veau jusqu'à ce qu'elles soient uniformément dorées. Transférez-les dans une grande cocotte et réservez.

Dans une autre poêle, à feu modéré-vif, chauffez 2 cuillerées d'huile et faites caraméliser la carotte, l'oignon et l'ail en remuant fréquemment. Ajoutez les épices, mélangez et transférez dans la cocotte avec les joues. Versez-y le vin et portez à ébullition.

Versez suffisamment de bouillon pour couvrir les ingrédients. (Ajoutez-en si nécessaire.)

Portez de nouveau à ébullition, baissez le feu et laissez mijoter 2 h ou jusqu'à ce que les joues soient très tendres. Retirez les joues de la cocotte et gardez au chaud.

Au-dessus d'une casserole, filtrez le jus de cuisson à travers une passoire en pressant sur les légumes pour en extraire le maximum de saveurs. Faites réduire à feu vif jusqu'à ce que la sauce prenne une consistance de fond concentré. Rectifiez l'assaisonnement.

Ajoutez les pois chiches à la sauce et réchauffez.

Pendant ce temps, préparez la sauce yogourt à l'ail.

Au moment de servir, montez une grande assiette de service ou des assiettes individuelles, en nappant le fond d'un peu de jus de cuisson réduit, en disposant les joues de veau et les pois chiches. Mettez quelques cuillerées de sauce yogourt à l'ail, puis complétez avec les morceaux de pain pita, les noix de pin et parsemez de persil. Servez aussitôt.

—

L'inspiration : En arabe, *fatteh* signifie «miettes» ou «émietter». Comme le fattouche, la *fatteh* utilise le pain sec de la veille qui s'enrichit en absorbant toutes les saveurs de la sauce.

HARICOTS

•

J'ai déjà souligné l'omniprésence des légumes et légumineuses dans la tradition libanaise. Une fois cuisiné, le haricot fait partie de ces ingrédients qui se mangent comme mezzé. On le sert froid avec du pain pita ou chaud avec du riz. Il est aussi succulent dans un plat végétarien, en ragoût avec de la viande ou dans une simple salade. Voici quelques recettes où il est à l'honneur. —

FÈVES FRAÎCHES SAUTÉES À L'APÉRO

●

- 500 ml (2 tasses) de fèves fraîches (aussi appelées gourganes)
- 1 c. à soupe d'huile d'olive
- ½ c. à thé de cumin
- 1 lime lavée
- Sel

500 ML (2 TASSES)

Écossez les fèves. Si elles sont jeunes et bien fraîches, il ne sera pas utile de retirer la membrane qui les recouvre.

Dans une poêle, à feu modéré, chauffez l'huile et faites sauter les fèves en remuant régulièrement. Dès qu'elles sont bien chaudes, transférez-les dans un bol de service.

Saupoudrez de cumin et de sel.

Coupez la lime en quartiers, puis en tranches et taillez des petits triangles. Ajoutez-les aux fèves.

—

Lorsqu'on les fait sauter, ces fèves développent un goût étonnamment sucré qui se marie parfaitement avec celui du cumin et avec celui plus acidulé de la lime. Un coupe-faim idéal qu'on accompagne d'un cocktail ou d'une bière.

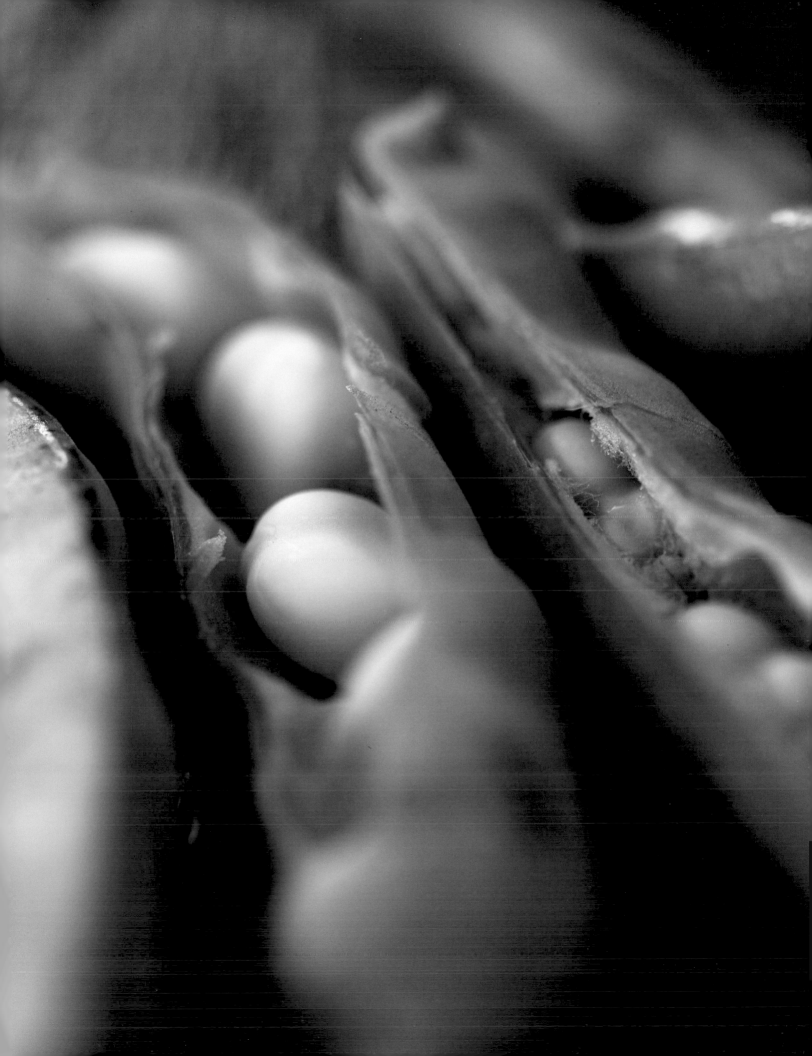

FÈVES FRAÎCHES ET BETTE À CARDE

●

- · 375 ml (1 ½ tasse) de fèves fraîches (aussi appelées gourganes)
- · 2 c. à soupe et plus d'huile d'olive
- · 125 ml (½ tasse) d'oignons finement hachés
- · 4 gousses d'ail pressées
- · 125 ml (½ tasse) de coriandre ciselée
- · ½ c. à thé de cumin
- · 1,25 l (5 tasses) de bette à carde ciselée
- · Sel et poivre

2 PERSONNES

Écossez les fèves. Si elles sont jeunes et bien fraîches, il ne sera pas utile de retirer la membrane qui les recouvre.

Dans une poêle, à feu modéré-doux, chauffez 2 c. à soupe d'huile et faites sauter les oignons 5 min jusqu'à ce qu'ils deviennent transparents.

Ajoutez l'ail, la coriandre, le cumin, le sel et le poivre. Poursuivez la cuisson de 3 à 4 min en remuant.

Incorporez les fèves et poursuivez la cuisson 5 min.

À feu vif (pour éviter le dégorgement de liquides), ajoutez la bette à carde et laissez cuire 15 min de plus.

Servez la salade de préférence tiède et aromatisée de quelques gouttes d'huile.

—

Je place souvent sur la table une petite carafe d'huile d'olive pour une dernière touche aux salades, légumes, purées…

SALADE DE HARICOTS VERTS GRILLÉS

●

- 6 grosses gousses d'ail en chemise
- 5 c. à soupe d'huile d'olive
- 4 c. à soupe de vinaigre balsamique ou de jus d'orange
- 2 c. à soupe de basilic haché
- 1 kg (2 lb) de haricots verts
- 125 ml (½ tasse) d'oignons rouges en tranches fines
- 2 tomates épépinées, en julienne
- 2 betteraves jaunes ou rouges* cuites, en julienne (facultatif)
- 2 c. à soupe de noix de pin grillées ou d'amandes effilées (facultatif)
- Sel et poivre

* En saison, elles contribuent grandement au contraste des saveurs. Les rouges colorent tous les ingrédients.

4 PERSONNES

Préchauffez le four à 180 °C (350 °F).

Préparez une purée d'ail. Mettez les gousses d'ail sur du papier d'aluminium. Arrosez-les d'une cuillerée d'huile. Enveloppez-les avant de mettre au four. Après 20 min, dépliez le papier d'aluminium et retournez-les au four pour les faire dorer, 10 min supplémentaires. Laissez refroidir.

Préparez la vinaigrette. Pelez les gousses d'ail et transférez-les dans un contenant haut et profond. À l'aide d'un mélangeur à main, émulsionnez l'ail et le vinaigre jusqu'à l'obtention d'un mélange homogène. Versez 2 cuillerées d'huile et actionnez de nouveau l'appareil jusqu'à ce que la consistance soit onctueuse et lisse. Incorporez le basilic. Salez et poivrez.

Dans une grande casserole remplie d'eau salée bouillante, faites blanchir les haricots de 3 à 4 min jusqu'à ce qu'ils soient juste croquants sous la dent. Égouttez et transférez dans un grand bol d'eau glacée pour arrêter la cuisson. Épongez-les avec du papier absorbant.

Mettez les haricots dans un bol et arrosez-les avec les 2 dernières cuillerées d'huile. Salez et poivrez. (Vous pouvez préparer les haricots et la vinaigrette la veille. Conservez les deux séparément au réfrigérateur.)

Allumez le gril du four et déplacez la grille sous l'élément chauffant du haut.

Étalez les haricots sur une plaque tapissée de papier parchemin et faites-les griller au four sous le gril 2 min, en les retournant régulièrement. (En saison estivale, grillez-les au barbecue ; la saveur n'en sera qu'enrichie.) Si désiré, faites de même avec les betteraves.

Dans un grand saladier, combinez les haricots, l'oignon, la tomate et la betterave si désiré. Enrobez les ingrédients de vinaigrette et décorez de noix de pin grillées. Servez à la température ambiante.

—

RATATOUILLE DE HARICOTS VERTS

(*LOUBIEH BIL ZEIT*)

●

- · 1 kg (2 lb) de haricots verts
- · 4 c. à soupe d'huile d'olive
- · 2 oignons moyens en tranches fines
- · 6 gousses d'ail pressées
- · 125 ml (½ tasse) de tomates séchées en tranches fines
- · 500 ml (2 tasses) de tomates fraîches ou en conserve, en dés
- · ½ c. à thé de flocons de piment fort (facultatif)
- · Sel et poivre

4 À 6 PERSONNES

Lavez, équeutez les haricots et coupez-les en 2.

Dans une cocotte, à feu modéré, chauffez l'huile et faites blondir l'oignon. Lorsqu'il est doré, ajoutez l'ail. Incorporez les tomates séchées et les haricots. Salez et poursuivez la cuisson 10 min, en remuant de temps en temps.

Baissez le feu, couvrez et laissez mijoter 5 min avant d'ajouter la tomate et le piment si désiré. Poursuivez la cuisson 30 min jusqu'à ce que les haricots soient tendres. Rectifiez l'assaisonnement.

La ratatouille peut être servie froide en plat ou tiède sur un lit de riz ou avec du pain pita. Elle peut également accompagner une viande ou un poisson grillés.

—

Note : La tomate séchée apporte profondeur et douceur à la ratatouille tandis qu'une pointe de piquant vient la relever.

—

Loubieh bil zeit se traduit littéralement par «haricots dans l'huile», même si cette recette contient bien plus que de l'huile…

TARTINADE AUX HARICOTS BLANCS ET OLIVES

●

- · 1 boîte de 398 ml (14 oz) de haricots blancs
- · 2 c. à soupe d'olives vertes dénoyautées
- · 1 gousse d'ail hachée
- · 4 c. à soupe et plus d'huile d'olive
- · 2 c. à soupe d'eau
- · 2 c. à soupe de jus de citron
- · 1 pincée de sel (pas plus, car les olives sont salées)
- · Poivre
- · 1 pincée de piment d'Espelette ou de piment fort (facultatif)
- · 1 c. à soupe d'estragon finement haché

250 ML (1 TASSE)

Rincez bien les haricots et mettez-les dans le bol d'un robot culinaire avec les olives et l'ail.

Actionnez l'appareil et versez l'huile, l'eau et le jus de citron. Broyez jusqu'à l'obtention d'une purée lisse.

Ajoutez le sel, le poivre et, si désiré, le piment. Goûtez et rectifiez l'assaisonnement.

Transférez la tartinade dans un bol. À l'aide d'une spatule, incorporez l'estragon.

Avant de servir, arrosez le dessus de la purée d'un peu d'huile.

—

Note : Cette purée est délicieuse tartinée sur une baguette grillée, comme base d'un sandwich ou en trempette avec des croustilles de pain pita (p. 30) et des crudités.

—

Lorsque ma mère préparait des haricots blancs, les olives vertes et l'estragon complétaient toujours ce trio gagnant.

HARICOTS BLANCS À L'HUILE D'OLIVE

●

- 250 ml (1 tasse) de haricots blancs secs
- 1,5 l (6 tasses) d'eau
- 1 c. à soupe de sel
- 2 c. à soupe d'huile d'olive
- 1 petit oignon finement haché
- 4 gousses d'ail pressées
- ½ c. à thé de coriandre moulue
- 250 ml (1 tasse) de tomates bien mûres en dés
- 2 c. à soupe de coriandre ciselée
- Sel et poivre

4 PERSONNES

La veille, faites tremper les haricots secs dans un grand bol d'eau.

Égouttez les haricots et mettez-les dans une grande casserole avec l'eau et le sel. Portez à ébullition. Baissez le feu et laissez mijoter, partiellement couvert, de 60 à 90 min jusqu'à ce que les haricots soient tendres. Écumez régulièrement. Égouttez en conservant 125 ml (½ tasse) d'eau de cuisson.

Dans une cocotte à fond épais, à feu modéré, chauffez l'huile et faites blondir l'oignon et l'ail.

Ajoutez la coriandre moulue, les tomates, les haricots et suffisamment d'eau de cuisson pour recouvrir le tout. Salez et poivrez.

Laissez mijoter une vingtaine de minutes jusqu'à ce que la sauce soit concentrée et enrobe bien les haricots. Garnissez de coriandre ciselée.

Servez tiède sur un lit de riz ou avec du pain.

—

Un des nombreux mets végétariens libanais qui se mangent chaud comme plat réconfortant ou froid en salade.

LENTILLES

·

La cuisine libanaise redonne à la lentille toutes ses lettres de noblesse. Si elle n'a pas une saveur très marquée, elle absorbe très bien en revanche le parfum des épices. Le cumin, une plante aromatique originaire du Moyen-Orient qui possède de puissants bienfaits sur le système digestif, est devenu au fil du temps l'assaisonnement par excellence pour rehausser son goût. Contrairement aux haricots, il n'est pas nécessaire de la faire tremper dans l'eau avant la cuisson. Les recettes qui suivent rendent hommage à la générosité de cette humble légumineuse. —

VELOUTÉ DE LENTILLES ROUGES

●

- 500 ml (2 tasses) de lentilles rouges
- 2 c. à soupe d'huile d'olive
- 250 ml (1 tasse) d'oignons hachés
- ½ c. à thé de cumin
- 1 c. à thé de cari
- 1 grosse carotte en morceaux
- 1 grosse tomate en 8 quartiers
- 25 g (¾ oz) de gingembre haché
- 6 gousses d'ail pressées
- 2 l (8 tasses) d'eau
- Sel et poivre

GARNITURES

- 1 c. à soupe d'huile d'olive
- 2 gousses d'ail hachées
- 125 ml (½ tasse) de coriandre ciselée
- Yogourt légèrement dilué avec de l'eau

6 À 8 PERSONNES

Mettez les lentilles dans une passoire et rincez-les.

Dans une casserole à fond épais, à feu modéré, chauffez l'huile et faites sauter l'oignon 5 min jusqu'à ce qu'il soit transparent.

Incorporez le cumin et le cari et ajoutez la carotte, la tomate, le gingembre, l'ail et les lentilles. Versez l'eau et portez à ébullition. Écumez, si nécessaire. Après 3 min, baissez le feu et laissez mijoter, à couvert, 25 min ou jusqu'à ce que la carotte soit tendre. Salez et poivrez.

Pendant ce temps, préparez la garniture. Dans une poêle, à feu modéré-doux, chauffez l'huile et faites sauter l'ail et la coriandre 1 min. Réservez.

Transvidez la soupe dans le récipient d'un mélangeur et broyez jusqu'à l'obtention d'une consistance veloutée. Réchauffez, si nécessaire, et rectifiez l'assaisonnement.

Servez la soupe dans des assiettes creuses ou des petits bols, garnie d'un trait de yogourt et du mélange d'ail et de coriandre sautés.

—

Vertes, brunes ou rouges, les lentilles entrent dans la composition de nombreuses soupes dont les saveurs sont très variées.

SOUPE AUX LENTILLES ET BETTE À CARDE

●

· 500 ml (2 tasses) de lentilles vertes ou brunes
· 2 l (8 tasses) d'eau
· 1 c. à soupe de sel
· 4 c. à soupe d'huile d'olive
· 2 oignons moyens finement hachés
· 6 gousses d'ail pressées
· 1 c. à soupe de coriandre moulue
· 1 pomme de terre moyenne en dés
· 750 ml (3 tasses) de feuilles de bette à carde en morceaux
· 125 ml (½ tasse) de jus de citron
· 2 c. à soupe de coriandre hachée
· Sel et poivre

6 À 8 PERSONNES

Mettez les lentilles dans une passoire et rincez-les.

Dans une casserole, faites bouillir l'eau. Ajoutez le sel, les lentilles et, à feu modéré-doux, laissez cuire 30 min. Les lentilles seront encore croquantes.

Dans une poêle, à feu modéré, chauffez 2 cuillerées d'huile et faites revenir l'oignon 8 min jusqu'à ce qu'il soit transparent. Transférez dans la casserole avec les lentilles en même temps que vous ajoutez l'ail, la coriandre moulue et la pomme de terre. Poursuivez la cuisson 15 min ou jusqu'à ce que la pomme de terre soit tendre.

À la fin de la cuisson, incorporez les feuilles de bette à carde, les 2 dernières cuillerées d'huile, le jus de citron et la coriandre hachée. Réchauffez, poivrez et servez.

—

Cette soupe consistante est un repas complet en soi accompagné de pain pita.

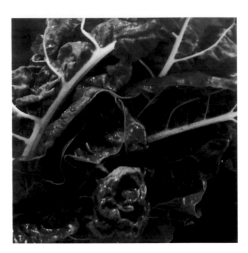

SALADE DE LENTILLES

·

- · 250 ml (1 tasse) de lentilles vertes ou brunes
- · 1 l (4 tasses) d'eau
- · 2 gousses d'ail pressées
- · ½ c. à thé de cumin
- · Zeste et jus de 1 citron lavé
- · 1 tomate moyenne en dés
- · 2 c. à soupe de menthe hachée
- · 3 c. à soupe de persil haché
- · 4 c. à soupe d'huile d'olive
- · Sel et poivre

4 PERSONNES

Mettez les lentilles dans une passoire et rincez-les.

Dans une cocotte, faites bouillir l'eau et ajoutez du sel. À feu doux, faites cuire les lentilles jusqu'à ce qu'elles soient tendres, mais encore légèrement croquantes. Égouttez et laissez refroidir.

Dans un grand saladier, mélangez l'ail, le cumin, le zeste et le jus de citron. Ajoutez les lentilles et mélangez avant d'incorporer la tomate, les fines herbes et l'huile. Salez et poivrez.

—

Note : Variez les fines herbes et créez une nouvelle salade.

—

Légumineuses peu prétentieuses, les lentilles se savourent aussi bien en salades qu'en plats chauds.

MOUJADARA

●

- 375 ml (1 ½ tasse) de lentilles brunes
- 2 c. à soupe d'huile d'olive
- 1 oignon haché
- 1 c. à thé de cumin
- 1,5 l (6 tasses) d'eau ou de bouillon de légumes
- 125 ml (½ tasse) de riz ou de boulgour n° 3 (gros)
- 3 c. à soupe de persil ciselé
- Sel et poivre

OIGNONS FRITS
- 3 gros oignons
- 4 c. à soupe et plus d'huile
- Sel

PAIN PITA GRILLÉ
- 1 pain pita
- Huile d'olive
- Sel

4 À 6 PERSONNES

Mettez les lentilles dans une passoire et rincez-les.

Dans une cocotte, à feu modéré, chauffez 2 cuillerées d'huile et faites revenir l'oignon haché 8 min jusqu'à ce qu'il soit légèrement doré. Saupoudrez de cumin. Versez l'eau, ajoutez les lentilles et portez à ébullition. Baissez le feu et laissez mijoter 30 min. Les lentilles doivent être encore très croquantes.

Préparez la garniture d'oignons. Coupez les oignons en 2 et tranchez-les finement. Pour obtenir des oignons plus croustillants, faites blanchir les tranches d'oignons dans de l'eau bouillante 3 min. Égouttez et épongez pour éliminer le maximum d'eau.

Dans une poêle, chauffez 4 cuillerées d'huile et faites frire les tranches d'oignons, en remuant fréquemment, 20 min ou jusqu'à ce qu'elles soient bien dorées. Salez et transférez dans un bol.

Préchauffez le four à 190 °C (375 °F).

Badigeonnez le pain pita d'huile, saupoudrez de sel, puis coupez en lanières de 2 cm (¾ po) de long. Disposez sur une plaque et enfournez de 12 à 15 min. Retournez 2 ou 3 fois jusqu'à ce qu'il soit bien doré.

Lavez le riz jusqu'à ce que l'eau soit claire et égouttez-le avant de l'ajouter aux lentilles. À feu doux, laissez mijoter à couvert 15 min jusqu'à ce que le liquide se soit évaporé et que les lentilles et le riz soient tendres. Remuez de temps en temps. Salez et poivrez. (Si vous préférez une texture crémeuse, vous pouvez réduire en purée au robot culinaire.)

Au moment de servir, versez la moujadara dans des bols profonds et garnissez de pain pita grillé, d'oignons frits et de persil.

—

La moujadara est un plat traditionnel libanais que l'on appelle aussi «plat des pauvres». À base de lentilles, il est servi les jours de vaches maigres !

VIANDES

.

Dans la cuisine libanaise, la viande occupe une place essentielle et est consommée sous toutes ses formes : crue, grillée, mijotée, relevée grâce aux herbes et aux épices, même confite... À l'inverse de la vache, l'agneau se promène librement dans les prés, et les troupeaux de moutons semblent former de grandes vagues entre vallées, collines et montagnes. Sa viande est très prisée de même que celle de la chèvre, connue notamment dans les villages montagneux pour la délicatesse de sa chair. À la cuisine, on ne gaspille presque rien de la bête, ce qui laisse place à l'imagination pour créer des recettes savoureuses, avec les parties de choix de l'animal ou avec celles qui sont jugées moins nobles. —

AUMÔNIÈRES DE CANARD CONFIT

●

- 2 cuisses de canard confit
- 1 c. à soupe d'huile d'olive
- 2 échalotes françaises en tranches fines
- ½ c. à thé de sept épices (p. 184)
- 2 c. à soupe de bouillon de poulet
- 6 feuilles de pâte filo
- 4 c. à soupe de beurre fondu

18 AUMÔNIÈRES

Désossez et effilochez les cuisses de canard.

Dans une poêle, à feu modéré-vif, chauffez l'huile et faites sauter l'échalote 1 min jusqu'à ce qu'elle soit légèrement colorée.

Incorporez les sept épices et poursuivez la cuisson 1 min de plus. Ajoutez le canard et le bouillon. Mélangez et laissez refroidir.

Préchauffez le four à 190 °C (375 °F).

Sur un plan de travail, superposez 2 feuilles de pâte filo. Réservez les autres sous un linge humide afin qu'elles ne sèchent pas. Badigeonnez la moitié de la pâte du dessus de beurre fondu et pliez-la en 2. Taillez 3 bandes, puis de nouveau chacune en 2 pour obtenir 6 carrés. Badigeonnez de beurre.

Déposez environ 1 c. à thé de farce au centre de chaque pâte, puis réunissez les quatre coins vers le centre en pressant avec les doigts pour bien sceller l'aumônière. Répétez l'opération avec les autres feuilles de pâte filo.

Déposez les aumônières sur une plaque tapissée de papier parchemin. Badigeonnez-les légèrement de beurre. Faites cuire au four 8 min ou jusqu'à ce qu'elles soient bien dorées.

Servez les aumônières avec un chutney aux fruits, du muhammara (p. 26) ou accompagnées d'une salade composée de persil, d'échalote, de grenade arrosée d'une bonne huile d'olive.

—

Note : Les aumônières peuvent être préparées jusqu'à 3 h à l'avance. Gardez-les au réfrigérateur jusqu'au moment de les faire cuire. Vous pouvez aussi les congeler pendant 24 h.

—

L'inspiration : Le *sambousak bi lahmeh* (samosa à la viande) est traditionnellement préparé avec de la pâte à pain très fine, farci de viande hachée, plié en forme de demi-lune et frit. Avec la pâte filo, vous obtiendrez une texture plus légère et plus croustillante.

BOULETTES DE VIANDE À LA MÉLASSE DE GRENADE

(DAOUD BACHA)

●

· 500 g (1 lb) d'agneau ou de bœuf hachés maigres
· ½ c. à thé de cumin
· 1 c. à thé de sept épices (p. 184)
· 125 ml (½ tasse) de noix de pin grillées
· 2 c. à soupe d'huile d'olive
· 1 gros oignon finement haché
· 1 l (4 tasses) de bouillon de veau ou de poulet
· 2 c. à soupe de mélasse de grenade (p. 182)
· Sel et poivre

GARNITURES
· 4 c. à soupe de noix de pin grillées
· 4 c. à soupe de persil haché
· Graines de grenade (facultatif)

4 PERSONNES

Dans un bol, combinez l'agneau haché, le cumin, les sept épices. Salez et poivrez. Mélangez bien en travaillant avec les mains.

Façonnez des petites boulettes de 2 cm (¾ po) de diamètre. Insérez 2 noix de pin dans chaque boulette et réservez.

Dans une casserole à fond épais, à feu modéré-vif, chauffez l'huile et faites sauter l'oignon jusqu'à ce qu'il soit légèrement coloré. Retirez-le de la casserole et faites revenir les boulettes de viande.

Lorsqu'elles sont uniformément dorées, remettez l'oignon. Ajoutez le bouillon et la mélasse de grenade. Remuez et portez à frémissement. Baissez le feu et poursuivez la cuisson 15 min ou jusqu'à ce que la viande soit cuite.

Servez les boulettes bien chaudes dans leur sauce. Garnissez de noix de pin, de persil haché et de grenade si désiré.

—

Note : Vous pouvez accompagner ce plat de riz pilaf aux vermicelles (p. 51) ou encore de pommes de terre frites.

—

Cette fleur presque diaphane en forme de trompette se transformera en un fruit rouge à la peau coriace et épaisse : la grenade.

VIANDE HACHÉE AUX SEPT ÉPICES

(RECETTE DE BASE)

●

- · 2 c. à soupe d'huile d'olive
- · 1 gros oignon finement haché
- · 1 c. à thé de sept épices (p. 184)
- · 500 g (1 lb) d'agneau, de bœuf, de veau ou un mélange, hachés
- · 1 c. à thé de mélasse de grenade (p. 182) (facultatif)
- · 2 c. à soupe de noix de pin grillées
- · Sel et poivre

4 PERSONNES

Dans une poêle, à feu modéré, chauffez l'huile et faites sauter l'oignon 5 min, jusqu'à ce qu'il commence à dorer.

Incorporez les sept épices, le sel, le poivre et poursuivez la cuisson 2 min pour permettre aux épices de dégager leurs saveurs. Ajoutez la viande hachée et, à l'aide d'une fourchette, défaites-la pour éviter les grumeaux.

Ajoutez la mélasse de grenade, si désiré. Faites cuire de 10 à 15 min jusqu'à ce que la viande soit cuite.

Saupoudrez avec les noix de pin grillées.

—

Cette recette de viande hachée se transforme de multiples façons. Au petit-déjeuner, des œufs sont ajoutés à la fin de la cuisson (p. 127).

PETIT-DÉJEUNER DE VIANDE HACHÉE ET ŒUFS

●

· 250 ml (1 tasse) de viande
  hachée aux sept épices
  (p. 126)
· 4 c. à thé de mélasse de
  grenade (p. 182) (facultatif)
· 4 œufs
· Sel et poivre

4 PERSONNES

Dans une poêle antiadhésive, à feu modéré,
faites réchauffer la viande hachée jusqu'à ce
qu'elle commence à grésiller. Incorporez,
si désiré, la mélasse de grenade.

Creusez 4 puits dans la viande et cassez un œuf
au-dessus de chaque espace dégagé. Salez et
poivrez.

Couvrez la poêle et, à feu très doux, laissez
cuire 5 min.

—

*Note : Si vous préférez, ajoutez une note acidulée
au plat en remplaçant la mélasse de grenade par
1 c. à thé de sumac saupoudrée sur les œufs.*

—

Dans cette recette, ajouter ½ c. à thé de
mélasse de grenade par personne rehausse
tout particulièrement les saveurs.

VIANDE HACHÉE, RIZ ET NOIX

·

· 250 ml (1 tasse) de viande
  hachée aux sept épices
  (p. 126)
· 250 ml (1 tasse) de riz
  à grain moyen
· 375 ml (1 ½ tasse) d'eau
  ou de bouillon de poulet,
  chauds
· ½ c. à thé de sept épices
  (p. 184)
· 1 pincée de safran
· 60 ml (¼ tasse) de noix
  de cajou nature
· 60 ml (¼ tasse)
  d'amandes mondées
· Sel et poivre

GARNITURE (FACULTATIF)
· Yogourt

2 PERSONNES

Dans une casserole moyenne, à feu modéré,
réchauffez la viande hachée.

Rincez le riz jusqu'à ce que l'eau devienne claire
et égouttez-le avant de l'ajouter à la viande.

Lorsque le riz commence à grésiller, versez
l'eau chaude, les sept épices, le safran, le sel
et le poivre.

Portez à ébullition et laissez cuire 2 min. Baissez
le feu et laissez mijoter à couvert 20 min ou
jusqu'à ce que le riz soit tendre.

Préchauffez le four à 190 °C (375 °F).

Faites griller les noix et les amandes séparément
(ces dernières étant plus sensibles à la chaleur)
jusqu'à ce qu'elles soient dorées. Salez
et réservez.

Servez le riz garni des noix. Accompagnez
de yogourt si désiré.

—

Sur les étals du marché, les noix rivalisent
de beauté. À l'apéro, pour décorer les plats
de riz, notamment, ou dans une grande
variété de desserts, elles sont partout !

POMMES DE TERRE FARCIES DE VIANDE HACHÉE

•

- · 4 pommes de terre Russet ou Idaho
- · 2 c. à soupe et plus d'huile d'olive
- · 1 c. à soupe de gros sel
- · 4 c. à soupe de raisins secs ou de canneberges séchées
- · 4 c. à soupe de vin rouge
- · 1 gros oignon finement haché
- · 1 c. à thé de sept épices (p. 184)
- · 500 g (1 lb) d'agneau, de bœuf, de veau ou un mélange, hachés
- · 1 c. à soupe de mélasse de grenade (p. 182)
- · 2 c. à soupe de noix de pin grillées
- · Sel et poivre

4 PERSONNES

Chauffez le four à 200 °C (400 °F).

Brossez les pommes de terre et piquez-les sur toute la surface avec une fourchette. Épongez. Enduisez-les d'huile et saupoudrez-les de gros sel.

Enfournez de 60 à 90 min jusqu'à ce qu'elles soient cuites. (Vérifiez la cuisson avec la pointe d'un couteau.)

Pendant ce temps, faites macérer les raisins secs dans le vin rouge 30 min.

Dans une poêle, à feu modéré, chauffez 2 cuillerées d'huile et faites sauter l'oignon 5 min, jusqu'à ce qu'il commence à dorer.

Incorporez les sept épices, le sel, le poivre et poursuivez la cuisson 2 min pour permettre aux épices de dégager leurs saveurs. Ajoutez la viande hachée et, à l'aide d'une fourchette, défaites-la pour éviter les grumeaux.

Ajoutez les raisins secs avec leur jus de macération, la mélasse de grenade et poursuivez la cuisson 10 min ou jusqu'à ce que la viande soit cuite. Saupoudrez avec les noix de pin grillées et réservez.

Coupez les pommes de terre en 2 transversalement. À l'aide d'une petite cuillère, retirez délicatement la pulpe en laissant une paroi de 1 cm (½ po) d'épaisseur.

Mettez la pulpe dans un bol, ajoutez la viande hachée chaude et mélangez délicatement. Rectifiez l'assaisonnement.

Garnissez les moitiés de pomme de terre avec le mélange de viande et servez immédiatement avec un bon verre de vin rouge.

—

Note : Pour gagner du temps, on peut faire cuire les pommes de terre piquées au micro-ondes 7 min et finir la cuisson au four de 30 à 35 min.

—

Dans cette recette, les fruits secs gonflent dans un peu de vin qui sera ajouté à la préparation. Sans doute un retour en cuisine à mon village natal, Bednayel, où le climat est très propice à la viticulture.

KEFTA

(RECETTE DE BASE)

●

- 500 g (1 lb) d'agneau, de bœuf ou un mélange, hachés
- 1 oignon moyen finement haché
- 125 ml (½ tasse) de persil finement haché
- ½ c. à soupe de sept épices (p. 184)
- 1 pincée de piment en flocons (facultatif)
- Sel et poivre

4 PERSONNES

Dans un bol, combinez la viande hachée et les autres ingrédients. Mélangez avec les mains jusqu'à ce que le mélange soit homogène.

Goûtez et, si désiré, rectifiez l'assaisonnement en incorporant un peu plus de sept épices, de piment, de sel et de poivre.

—

Note : La kefta se mange crue uniquement si la viande est très fraîche et d'excellente qualité.

—

La kefta est à la base de nombreux plats. Elle peut être consommée crue en tartare ou grillée et dégustée en sandwich pour un repas simple et rapide ou apprêtée avec des légumes et cuite au four pour un plat réconfortant.

KEFTA AU FOUR

●

- · 2 grosses pommes de terre pelées
- · 4 ou 5 tomates moyennes
- · 1 recette de base de kefta (p. 130)
- · 4 c. à soupe d'huile d'olive
- · 3 petits oignons en tranches
- · 250 ml (1 tasse) de jus de tomate
- · 1 c. à soupe de mélasse de grenade (p. 182)
- · ½ c. à thé de sept épices (p. 184)
- · Sel et poivre

4 PERSONNES

Coupez les pommes de terre et les tomates en rondelles de 1 cm (⅜ po) d'épaisseur.

Formez des galettes avec la préparation de kefta de 4 cm (1 ½ po) de diamètre.

Dans une poêle, à feu modéré, chauffez l'huile et faites revenir l'oignon 5 min jusqu'à ce qu'il soit transparent. Transférez dans un plat allant au four. Réservez.

Dans la même poêle, à feu modéré-vif, faites cuire les galettes de kefta 2 min de chaque côté. Déposez-les sur les oignons.

Préchauffez le four à 180 °C (350 °F).

Assaisonnez le jus de tomate avec la mélasse de grenade, les sept épices, le sel et le poivre. Mélangez bien et versez sur les galettes de kefta.

Disposez, au-dessus, d'abord les rondelles de pommes de terre, puis les rondelles de tomates. Salez et poivrez.

Couvrez le plat de papier d'aluminium et mettez au four de 30 à 40 min jusqu'à ce que les pommes de terre soient cuites.

—

PAIN PITA DE KEFTA ET FROMAGE

(*KEFTA ARAYES*)

●

- · 4 grands pains pitas
- · 1 recette de base de kefta (p. 130)
- · 200 g (7 oz) de fromage manchego en tranches fines (ou un fromage à pâte dure)
- · 2 c. à soupe d'huile d'olive

4 PERSONNES

Chauffez le four à 190 °C (375 °F) ou allumez le gril à panini.

Ouvrez délicatement les pains pitas sans les séparer complètement.

Étalez la préparation de kefta à l'intérieur de chacun. Insérez les tranches de fromage et refermez le pain en pressant.

Badigeonnez d'huile le dessus et le dessous des pains pitas. Mettez-les sur une plaque tapissée de papier parchemin.

Faites cuire au four ou dans un gril à panini 15 min ou jusqu'à ce que la viande soit cuite et que le pain pita soit grillé et croustillant. Coupez les *kefta arayes* en 2 ou en 4 avant de les servir bien chauds.

—

Note : Vous pouvez préparer les kefta arayes *au barbecue. Dans ce cas, badigeonnez d'huile aussi l'intérieur des pains pitas et réduisez le temps de cuisson de moitié.*

—

Ces sandwichs se servent empilés dans une assiette et placés au centre de la table ou en parts individuelles accompagnés d'une salade garnie.

SELLE D'AGNEAU FARCIE DE DATTES

●

· 125 ml (½ tasse) de beurre
· 250 ml (1 tasse) d'échalotes françaises en tranches
· 500 ml (2 tasses) de dattes dénoyautées, en morceaux
· 1 selle d'agneau de 1 à 1,5 kg (2 à 3 lb) désossée, séparée en 2 et partiellement dégraissée*
· 2 c. à soupe d'huile d'olive
· Sel et poivre

BOULGOUR AUX FRUITS SECS
· 250 ml (1 tasse) de boulgour nº 3 (gros)
· 2 c. à soupe d'huile d'olive
· 125 ml (½ tasse) d'échalotes françaises en tranches
· 1 c. à thé de sept épices
· 375 ml (1 ½ tasse) de bouillon de poulet
· 2 c. à soupe de canneberges séchées
· 6 abricots secs en tranches
· Sel et poivre

ACCOMPAGNEMENT
· Coulis d'abricots (p. 136)

* Vous pouvez demander à votre boucher de la préparer à l'anglaise.

4 À 6 PERSONNES

Chauffez le four à 200 °C (400 °F).

Dans une poêle, à feu modéré-doux, faites fondre le beurre et ajoutez l'échalote. Lorsqu'elle est translucide, ajoutez les dattes. Transférez dans le bol d'un petit robot culinaire et réduisez en purée. Incorporez une pincée de sel et réservez.

Ouvrez la selle d'agneau et, avec les mains, étalez le mélange de dattes entre la viande et la partie grasse (voir les photos ci-contre). Salez et poivrez puis repliez en rouleau. Nouez avec une ficelle de boucher.

Dans une poêle allant au four, à feu modéré-vif, chauffez l'huile et colorez uniformément la selle.

Faites rôtir au four 25 min ou jusqu'à ce que la température interne du gigot atteigne 135 °C (275 °F).

Pendant ce temps, préparez le coulis d'abricots.

Boulgour aux fruits secs

Rincez le boulgour jusqu'à ce que l'eau devienne claire. Égouttez.

Dans une cocotte, à feu modéré-doux, chauffez l'huile. Faites tomber l'échalote, ajoutez les sept épices, le sel, le poivre, le boulgour et le bouillon. Portez à ébullition.

Baissez le feu, couvrez et laissez mijoter 20 min. Ajoutez les fruits secs et mélangez en aérant le boulgour.

... / 136

La selle d'agneau est une des parties nobles située entre le gigot et les côtes. Lors d'événements importants, on pose souvent un agneau rôti entier au centre de la table. Les fruits secs se marient bien avec la saveur assez prononcée de sa chair tout en l'adoucissant. Il est généralement accompagné de riz pilaf garni de noix. Ici, le boulgour remplace le riz. Son léger goût de noisette convient très bien à cette viande.

- 375 ml (1 ½ tasse) de jus d'orange
- 375 ml (1 ½ tasse) d'eau
- 250 ml (1 tasse) d'abricots secs
- 3 capsules de cardamome

Coulis d'abricots

Dans une casserole, à feu vif, faites bouillir le jus d'orange et l'eau. Ajoutez les abricots secs et la cardamome. Baissez le feu et laissez mijoter 20 min. À l'aide d'un mélangeur à main, broyez. Filtrez le coulis avec une passoire fine.

Avant de passer à table, enveloppez la viande de papier d'aluminium et laissez reposer 5 min afin qu'elle conserve ses sucs. Retirez la ficelle et taillez la viande en tranches épaisses de 2,5 cm (1 po).

Montez les assiettes en disposant une bonne cuillerée de boulgour et une tranche de selle d'agneau. Décorez le pourtour de l'assiette de coulis d'abricot.

—

Les abricots sont les signes annonciateurs de l'été. Au Liban, on exploite ce fruit au maximum. Voilà pourquoi je l'incorpore à plusieurs recettes.

GIGOT D'AGNEAU BRAISÉ

•

· 1 c. à soupe de sept épices
  (p. 184)

· 1 c. à thé de cumin

· 2 c. à soupe de gros sel

· 1 c. à soupe de poivre noir

· 6 gousses d'ail pressées

· 1 c. à soupe de zeste de
  citron lavé

· 2 c. à soupe de miel

· 3 c. à soupe d'huile d'olive

· 1 gigot d'agneau de 1,5 kg
  (3 lb) avec l'os

ACCOMPAGNEMENTS

· Riz safrané aux noix
  (p. 138)

· Yogourt légèrement salé
  avec un hachis de menthe

6 À 8 PERSONNES

Dans un petit bol, combinez les sept épices, le cumin, le gros sel, le poivre, l'ail avec le zeste de citron, le miel et l'huile pour obtenir une pâte.

Enduisez le gigot de cette préparation. (Cette étape peut être effectuée la veille. Couvrez de pellicule plastique et placez au réfrigérateur.)

Préchauffez le four à 230 °C (450 °F).

Mettez le gigot dans un plat allant au four et faites rôtir 10 min de chaque côté. Couvrez de papier d'aluminium. Réduisez la température à 120 °C (250 °F) et poursuivez la cuisson 4 h.

Pendant ce temps, préparez le riz safrané aux noix.

Au moment de servir, taillez le gigot. Couvrez le fond d'une grande assiette de service de riz safrané aux noix et disposez la viande au-dessus. Accompagnez de yogourt parfumé à la menthe.

—

L'inspiration : Ce plat sera pour toujours associé dans mon esprit à un souvenir heureux : le mariage de mon frère, que je raconte dans l'introduction (p. 14).

RIZ SAFRANÉ AUX NOIX

- 500 ml (2 tasses) de riz à grain moyen
- 125 ml (½ tasse) de noix de cajou nature
- 125 ml (½ tasse) d'amandes mondées
- 2 c. à soupe de noix de pin
- 2 c. à soupe d'huile d'olive
- 750 ml (3 tasses) d'eau chaude
- 1 pincée de safran
- 1 ½ c. à thé de sel
- 60 ml (¼ tasse) de persil haché
- Sel et poivre

6 À 8 PERSONNES

Rincez le riz jusqu'à ce que l'eau devienne claire et égouttez-le.

Préchauffez le four à 230 °C (450 °F).

Faites griller les noix séparément, car le temps pour les dorer est différent. Salez et réservez.

Dans une casserole, à feu modéré, chauffez l'huile et ajoutez le riz. Faites cuire de 2 à 3 min, en remuant, jusqu'à ce que le riz grésille. Ajoutez le safran, le sel et versez l'eau chaude. Laissez bouillir 2 min, puis couvrez, baissez le feu et laissez cuire 20 min ou jusqu'à ce que l'eau soit absorbée et le riz cuit.

Rectifiez l'assaisonnement. Éparpillez les noix grillées et le hachis de persil.

—

Note : À part ce mariage parfait avec le gigot d'agneau, le riz safrané peut accompagner la kefta au four (p. 131) ou n'importe quel plat de poulet.

—

Le riz, dans la cuisine libanaise, est le compagnon par excellence de tous les *yakhneh* (ragoûts). Il absorbe les sauces et équilibre les saveurs. Souvent cuisiné comme un simple pilaf, parfois avec des vermicelles (p. 51), ou souvent rehaussé par l'ajout de bouillon de poulet et des épices. Des noix grillées disposées sur le dessus le décorent et donnent du croquant.

COUSCOUS LIBANAIS PARFUMÉ AU CARVI

●

- · 1 l (4 tasses) d'eau
- · 1 c. à soupe de sel
- · 500 ml (2 tasses) de moghrabieh (p. 182)*
- · 5 c. à soupe d'huile d'olive
- · 24 petits oignons blancs
- · 1 l (4 tasses) de bouillon de poulet chaud
- · 2 c. à soupe de beurre
- · 250 ml (1 tasse) de pois chiches
- · ½ c. à thé de cumin
- · 1 c. à thé de cannelle
- · 1 ½ c. à thé de carvi moulu
- · Sel et poivre

* On trouve ce gros couscous dans les épiceries moyen-orientales.

8 PERSONNES

Dans une grande casserole, faites bouillir l'eau et le sel. Retirez la casserole du feu et faites tremper la *moghrabieh* 15 min. Égouttez.

Dans une grande poêle, à feu modéré, chauffez une cuillerée d'huile et faites blondir les petits oignons. Versez 250 ml (1 tasse) de bouillon. Dès les premiers bouillons, baissez le feu et poursuivez la cuisson jusqu'à ce que les oignons soient tendres.

Dans une cocotte profonde, chauffez le restant de l'huile et le beurre et faites sauter la *moghrabieh*. Ajoutez progressivement le restant de bouillon et les pois chiches, puis le cumin, la cannelle et le carvi. Salez et poivrez. Couvrez et laissez mijoter de 5 à 6 min jusqu'à ce que le couscous soit tendre.

—

OSSO BUCO, COUSCOUS LIBANAIS

•

- 8 rouelles de jarret de veau de 5 cm (2 po) d'épaisseur
- 125 ml (½ tasse) de farine
- 1 c. à thé de sel
- 1 c. à thé de poivre
- 3 c. à soupe de beurre
- 3 c. à soupe d'huile d'olive
- 3 oignons hachés
- 8 gousses d'ail hachées
- 4 branches de céleri en tranches
- 4 carottes en dés
- 375 ml (1 ½ tasse) de vin blanc sec
- 250 ml (1 tasse) de fond de veau ou de bouillon de poulet
- 750 ml (3 tasses) de tomates en dés
- ½ c. à thé de thym séché
- ½ c. à thé de romarin séché
- ½ c. à thé d'origan séché
- 2 feuilles de laurier
- Zeste de 2 citrons lavés
- Sel et poivre

ACCOMPAGNEMENT
- Couscous libanais parfumé au carvi (p. 139)

GARNITURE
- 1 tomate épépinée, en dés
- 60 ml (¼ tasse) de persil haché
- 1 c. à thé de fleur de sel

8 PERSONNES

Coupez 8 ficelles à rôti de 60 cm (24 po) de longueur. Faites deux tours de ficelle autour de chaque rouelle de viande et attachez solidement.

Dans une assiette creuse, combinez la farine, le sel et le poivre. Enrobez les rouelles de viande du mélange et secouez pour enlever l'excédent.

Dans un grand poêlon, à feu modéré-vif, chauffez 1 cuillerée de beurre et 1 cuillerée d'huile. Faites revenir 4 rouelles de 3 à 4 min de chaque côté ou jusqu'à ce qu'elles soient bien colorées. Réservez. Ajoutez 1 cuillerée de beurre et 1 cuillerée d'huile et répétez avec les 4 dernières rouelles.

Dans une grande casserole, chauffez la dernière cuillerée de beurre et d'huile. Ajoutez l'oignon, l'ail, le céleri et la carotte et faites cuire, en remuant, 8 min ou jusqu'à ce que les légumes soient tendres.

Versez le vin, baissez le feu et laissez mijoter jusqu'à ce que le liquide ait réduit de moitié.

Incorporez le fond de veau, la tomate, le thym, le romarin, l'origan et les feuilles de laurier. Dès que la préparation bout, ajoutez la viande. Baissez le feu, couvrez et laissez mijoter 2 h jusqu'à ce que la viande soit tendre et que la sauce ait épaissi (arrosez les rouelles aux 30 min). Une demi-heure avant la fin de cuisson, incorporez le zeste de citron.

Pendant ce temps, préparez le couscous libanais parfumé au carvi.

Au moment de servir, retirez la ficelle des rouelles. Dans une assiette creuse, couvrez le fond de 3 bonnes cuillerées de couscous libanais, disposez une rouelle de veau et 3 petits oignons. Nappez la viande d'un peu de sauce, garnissez d'une cuillerée de tomate en dés, de persil, puis saupoudrez de fleur de sel.

—

L'inspiration : La *moghrabieh* est une semoule comparable au couscous, mais dont les grains sont beaucoup plus gros. C'est aussi le nom donné à un plat traditionnel très nourrissant de poulet mijoté. Je vous propose une variante tout aussi réconfortante.

POISSONS

•

Avec la Méditerranée qui baigne les côtes libanaises, il est naturel que le poisson soit au cœur de nombreux plats. Les plus petits sont frits (notamment le rouget, qui est très apprécié) et les plus gros, le mérou par exemple, sont marinés, grillés, cuits au four ou encore apprêtés avec le boulgour en kebbé.

Née dans un village situé dans la vallée de la Bekaa, j'ai grandi à une cinquantaine de kilomètres de la mer, relativement loin du poisson frais qui n'apparaissait que rarement au menu. Une fois sur notre table, par contre, ma mère le traitait avec le plus grand des respects, préparant de nombreux plats d'accompagnement rehaussant sa nature délicate, mais qui ne lui volaient jamais la vedette. Mon nouveau pays m'a fait découvrir le saumon que j'apprête de multiples façons. Je vous propose des bonbons exotiques auxquels vous ne pourrez résister (p. 148). —

VIVANEAU À LA CORIANDRE ET AU GINGEMBRE

●

- 125 ml (½ tasse) de coriandre hachée
- 1 c. à soupe de gingembre râpé
- 2 gousses d'ail pressées
- 1 c. à thé de piment fort (facultatif)
- 1 c. à thé de cumin
- Zeste et jus de 1 lime lavée
- 1 c. à soupe et plus d'huile d'olive
- 4 filets de vivaneau (800 g / 1 ¾ lb) avec la peau
- Fleur de sel (facultatif)
- Sel et poivre

PISSENLIT CITRONNÉ
- 1 l (4 tasses) de pissenlit ou d'épinards, hachés
- 1 c. à soupe d'huile d'olive
- 2 gousses d'ail pressées
- 1 c. à soupe de jus de citron
- Sel

ACCOMPAGNEMENT
- Sauce tahini (p. 184)

4 PERSONNES

Faites chauffer le four à 230 °C (450 °F).

Dans un petit bol, combinez la coriandre, le gingembre, l'ail, le piment, le cumin, le zeste et le jus de lime et l'huile. Salez et poivrez.

Salez et poivrez l'intérieur des filets. Badigeonnez la moitié du mélange sur deux filets puis superposez les deux autres. Tapissez une plaque de papier parchemin, badigeonnez d'huile et déposez les sandwichs de poisson. Enfournez. Après 15 min, retournez délicatement et faites cuire 5 min de plus.

Préparez la sauce tahini.

Pissenlit citronné

Dans une grande casserole remplie d'eau salée bouillante, faites blanchir le pissenlit. Après 3 min, plongez-le dans l'eau froide afin d'arrêter la cuisson et de préserver la couleur. Égouttez et épongez avec du papier absorbant.

Dans une poêle, à feu modéré, chauffez l'huile, faites sauter l'ail 30 s et ajoutez le pissenlit. Après 3 min, arrosez de jus de citron, salez et réservez au chaud.

Présentez le poisson sur un lit de pissenlit avec la sauce tahini. Saupoudrez simplement de fleur de sel ou décorez à votre guise d'un légume grillé ou de noix légèrement grillées. Placez au centre de la table et partagez !

—

L'inspiration : Le *samke harra*, que l'on pourrait traduire par «poisson épicé», est un plat de poisson mariné, cuit au four, puis nappé d'une délicieuse sauce à base de tahini. La chair blanche et ferme du vivaneau, pas trop épaisse, se prête à merveille à cette recette originaire de Tripoli, une ville portuaire du nord du Liban. En voici une version allégée.

NIDS DE CREVETTES, SALSA DE MANGUE

●

- 6 grosses crevettes crues ou 12 moyennes
- 1 c. à soupe de sauce chili
- 1 c. à thé de gingembre fraîchement râpé
- 3 gousses d'ail pressées
- 1 c. à thé de zeste de citron ou de lime lavés
- ¼ c. à thé de coriandre hachée
- 1 c. à soupe d'huile de sésame
- 1 c. à soupe d'huile d'olive
- Sel et poivre

SALSA DE MANGUE
- 1 mangue bien mûre en dés
- 2 c. à soupe d'échalote française finement hachée
- 1 c. à soupe de coriandre finement hachée
- 1 c. à thé de vinaigre de riz
- 1 c. à soupe d'huile de sésame
- ½ c. à thé de piment en flocons (facultatif)
- Sel et poivre

NIDS DE PÂTE
- 1 c. à soupe de cari
- 125 ml (½ tasse) de beurre fondu
- 225 g (8 oz) de pâte kataifi (p. 182)*

* La pâte en filaments kataifi se trouve fraîche ou au comptoir des produits surgelés dans la plupart des supermarchés. Le paquet entier de 454 g (1 lb) donne environ 22 nids.

6 PERSONNES

Décortiquez les crevettes en conservant la queue.

Dans un bol, mélangez la sauce chili, le gingembre, l'ail, le zeste, la coriandre, l'huile de sésame, le sel et le poivre. Faites mariner les crevettes dans ce mélange au moins 30 min.

Préparez la salsa. Dans un bol, mélangez la mangue, l'échalote, la coriandre, le vinaigre de riz, l'huile de sésame et le piment si désiré. Assaisonnez.

Préchauffez le four à 180 °C (350 °F).

Nids de pâte

Dans un petit bol, mélangez le cari et le beurre fondu.

Déposez la pâte kataifi sur une plaque tapissée de papier parchemin et déliez délicatement les filaments pour l'étaler le plus possible. Arrosez de beurre aromatisé et malaxez avec les mains jusqu'à ce que la pâte soit uniformément imbibée.

Façonnez 6 petits nids de 6 cm (2 ½ po) de diamètre. (Confectionnez d'autres nids avec le restant de la pâte et congelez-les pour la prochaine fois.) Déposez sur une plaque tapissée de papier parchemin et faites cuire de 15 à 18 min, le temps de les blondir.

Retirez les crevettes de la marinade et épongez-les. Dans une poêle, à feu vif, chauffez 1 cuillerée d'huile et faites sauter les crevettes.

Déposez un nid dans chaque assiette, répartissez la salsa de mangue et placez au centre 1 grosse crevette ou 2 crevettes moyennes entrelacées.

—

L'inspiration : Le nid de rossignol, pâtisserie populaire au Liban faite de pâte kataifi, est garni de pistaches parfumées à l'eau de rose. Cette pâte en filaments, très polyvalente, se prête aussi bien à la recette salée que voici.

BONBONS DE SAUMON AU CARI

●

· 500 g (1 lb) de saumon frais (biologique de préférence)
· 2 échalotes françaises hachées finement
· 1 c. à thé de cari
· 7 feuilles de nori*
· 7 feuilles de pâte à rouleaux de printemps
· Fleur de sel (facultatif)
· Sel et poivre

ACCOMPAGNEMENT (FACULTATIF)
· Salsa de mangue (p. 146)

* On trouve maintenant au supermarché ces algues utilisées pour la confection des sushis.

30 BONBONS

Hachez grossièrement le saumon au robot culinaire sans toutefois le réduire en purée.

Transférez-le dans un bol avec l'échalote, le cari, le sel et le poivre. Réservez.

Avec un couteau bien tranchant, coupez les feuilles de nori et les feuilles de pâte à rouleaux de printemps en fines bandes de 3 mm (⅛ po). Placez au-dessus un linge humide pour les ramollir et les rendre plus malléables, 1 min.

Façonnez des petites boules de 3 cm (1 ½ po) de diamètre avec la préparation au saumon. Enrobez-les de bandes de nori et de pâte. Réservez sous un linge humide. Elles peuvent être préparées au plus 2 h à l'avance et gardées au réfrigérateur jusqu'au moment de les frire.

Faites frire les bonbons dans une friteuse à 190 °C (375 °F) 1 min ou jusqu'à ce qu'ils soient à peine dorés.

Égouttez sur du papier absorbant et, si désiré, salez à la fleur de sel. Je suggère d'accompagner ces délicieuses bouchées de salsa de mangue.

—

L'inspiration : Cette recette n'a rien à voir avec mes origines, mais révèle tout mon amour pour mon pays d'adoption. Au Canada, le saumon étant présent dans de nombreuses rivières et d'un océan à l'autre, ses variétés nobles abondent sur nos tables. L'ajout de cari et de feuilles de nori est venu spontanément à mon esprit, naturellement tourné vers les épices et les voyages. Un très beau contraste de textures.

PIEUVRE AU VIN BLANC, SALADE DE LENTILLES ROUGES

●

- 1 pieuvre de 2 kg (4 ¼ lb)*
- 500 ml (2 tasses) de vin blanc
- 4 c. à soupe de vinaigre de vin rouge
- 3 feuilles de laurier
- 1 c. à soupe de baies de genièvre
- 1 c. à soupe de poivre rose entier
- 1 c. à soupe de poivre noir entier
- 1 c. à soupe d'huile

MARINADE
- 125 ml (½ tasse) de sauce chili
- Zeste de 1 grosse orange lavée
- 30 g (1 oz) de gingembre râpé
- 2 grosses gousses d'ail pressées
- 1 c. à thé de sauce sriracha ou d'une autre sauce piquante
- 2 c. à soupe d'huile d'olive
- Sel et poivre

ÉCHALOTES FRITES
- 12 échalotes françaises en tranches fines
- 2 l (8 tasses) d'eau
- 1 c. à soupe de sel
- 125 ml (½ tasse) d'huile végétale

ACCOMPAGNEMENT
- Salade de lentilles rouges (p. 151)

* Vous pouvez également vous procurer des tentacules déjà cuits chez votre poissonnier.

4 À 6 PERSONNES

Si ce n'est déjà fait, nettoyez la pieuvre et coupez-lui la tête. Mettez-la dans une casserole avec tous les ingrédients, à l'exception de l'huile.

Couvrez la casserole d'une feuille d'aluminium, puis du couvercle afin de fermer hermétiquement. Faites cuire, à feu doux-modéré, 1 h ou jusqu'à ce que la pieuvre soit tendre. Laissez tiédir avant de couper les tentacules en morceaux de 6 cm (2 ½ po).

Dans un bol, mélangez tous les ingrédients de la marinade. Faites mariner la pieuvre cuite au moins 30 min.

Dans une poêle, à feu vif, chauffez 1 cuillerée d'huile et faites sauter la pieuvre. Réservez.

Préparez la salade de lentilles rouges.

Échalotes frites

Dans une casserole, faites blanchir l'échalote dans l'eau salée 2 min. Égouttez et laissez sécher sur du papier absorbant 30 min.

Dans une poêle, à feu modéré-vif, chauffez l'huile et faites frire l'échalote en remuant afin qu'elle blondisse uniformément. Transférez sur du papier absorbant. Lorsque l'échalote devient croustillante, salez.

Mettez la salade de lentilles dans un plat de service, disposez les morceaux de pieuvre et parsemez le tout d'échalotes frites.

Le Liban jouit de conditions exceptionnelles favorables à la viticulture : un soleil qui brille plus de trois cents jours par année, la présence de chaînes montagneuses et la Méditerranée qui agit comme régulateur de température. La vallée de la Bekaa, où l'eau est généreuse et les nuits fraîches, est le berceau de la vigne. C'est là où près de 62 % du vin libanais est produit.

- 500 ml (2 tasses) de lentilles rouges
- 2 l (8 tasses) d'eau
- 1 c. à thé de sel
- 60 ml (¼ tasse) de coriandre hachée
- 1 c. à thé de cumin
- 1 lime lavée
- 4 c. à soupe d'huile d'olive
- Sel et poivre

Salade de lentilles rouges

Dans une grande casserole, faites cuire les lentilles dans l'eau bouillante salée 6 min au plus. Elles seront tendres, mais encore très croquantes.

Égouttez bien et étendez les lentilles sur une plaque tapissée de papier parchemin le temps qu'elles refroidissent.

Dans un grand saladier, mélangez les lentilles, la coriandre et le cumin. Coupez la lime en quartiers, puis en tranches et taillez des petits triangles. Ajoutez-les à la salade. Incorporez l'huile et assaisonnez.

—

Rien n'est plus attirant que la profusion d'épices aux couleurs variées dans les souks!

DATTES

·

Les dattes se marient harmonieusement avec le sucré et le salé. Vous pouvez les farcir d'une amande grillée et d'un peu de marmelade d'oranges – les deux fruits vont particulièrement bien ensemble. Elles sont tout aussi délicieuses garnies d'un simple bleu et parfumées de graines de carvi grillées (p. 154). Elles entrent dans la composition de farce pour une viande (p. 134). Vous pouvez les déguster nature en collation ou en accompagnement d'un plateau de fromages. En purée, on les retrouve dans plusieurs gâteaux. Le *sfouf* (p. 160) est un de mes préférés. —

DATTES AU FROMAGE BLEU

●

- · 12 grosses dattes
- · 4 c. à soupe de fromage bleu
- · 1 c. à thé de beurre ramolli
- · 1 c. à thé de graines de carvi grillées

12 BOUCHÉES

Pratiquez une ouverture le long des dattes pour en retirer le noyau et les farcir.

Écrasez le fromage bleu à l'aide d'une fourchette et mélangez-le au beurre pour adoucir son goût.

Farcissez les dattes du mélange sans les refermer complètement. Parsemez de quelques graines de carvi.

—

Note : Les graines de carvi, lorsqu'elles sont grillées, dégagent un parfum très agréable.

—

Dans cette recette, le carvi rehausse la saveur des dattes grâce à son goût sucré et légèrement poivré. Une préparation qui s'accorde parfaitement avec le porto !

LES BONBONS

L'inspiration : Ces bonbons sont des versions très modernes et très simplifiées des maamouls traditionnels, ces petits gâteaux à base de semoule fourrés aux dattes, aux noix ou aux pistaches, saupoudrés de sucre glace et parfumés à l'eau de rose ou de fleur d'oranger.

BONBONS AUX DATTES

●

· 250 ml (1 tasse) de dattes en purée
· Zeste de 1 orange lavée
· 1 pincée de cardamome moulue
· 125 ml (½ tasse) d'amandes hachées

25 À 30 BONBONS

Dans un bol, mélangez les dattes, le zeste d'orange et la cardamome. Façonnez des petites boulettes de la taille d'une grosse cerise et roulez dans les amandes hachées.

—

BONBONS AUX DATTES ET AMANDES

●

· 3 c. à soupe de farine
· ½ c. à thé de cardamome moulue
· 250 ml (1 tasse) de dattes en purée
· Zeste de 1 orange lavée
· 250 ml (1 tasse) d'amandes entières

25 À 30 BONBONS

Dans une poêle, à feu doux, grillez légèrement la farine. Transférez dans un bol et incorporez la cardamome.

Dans un autre bol, mélangez les dattes et le zeste. Façonnez des petites bûches à peine plus grosses qu'une amande. Insérez une amande dans chaque cylindre et roulez dans le mélange de farine et cardamome.

—

DATTES À LA RICOTTA

●

- · 12 grosses dattes Medjool (ou autre variété)
- · 4 c. à soupe de ricotta
- · 1 c. à thé de sucre
- · ½ c. à thé d'eau de rose
- · ¼ c. à thé d'eau de fleur d'oranger
- · 2 c. à soupe d'amandes effilées ou de pistaches hachées

12 BONBONS

Pratiquez une ouverture le long des dattes pour en retirer le noyau et les farcir.

Dans un bol, mélangez la ricotta et le sucre, l'eau de rose et l'eau de fleur d'oranger.

Farcissez chaque datte d'une cuillerée de ricotta aromatisée. Veillez à ne pas refermer complètement la datte afin que la farce soit visible et saupoudrez généreusement de noix.

—

Note : Ces friandises sont délicieuses dégustées seules ou accompagnées d'un plateau de fromages ou encore d'une crème glacée.

—

BONBONS AUX ABRICOTS SECS

●

- · 12 abricots secs
- · 125 ml (½ tasse) de pistaches
- · 2 c. à soupe de sucre ou 1 c. à soupe de miel
- · 1 pincée de clou de girofle
- · 1 c. à thé d'eau de rose
- · 125 ml (½ tasse) de crème à fouetter
- · 1 pincée de cardamome

12 BONBONS

Pratiquez une ouverture le long des abricots secs sans les séparer.

Dans le bol d'un petit robot, hachez les pistaches grossièrement (vous voulez une texture croquante). Ajoutez le sucre, le clou de girofle et actionnez de nouveau l'appareil 2 ou 3 fois brièvement. (Vous pouvez aussi hacher au couteau.) Transférez dans un bol et incorporez l'eau de rose.

Farcissez chaque abricot avec 1 petite cuillerée du mélange et laissez-les ouverts afin de mettre en valeur le contraste des couleurs.

Fouettez la crème bien serrée avec la cardamome. Servez avec les abricots ou décorez ceux-ci d'un petit nuage de crème.

—

En plus d'être très faciles à préparer, ces bonbons peuvent composer un dessert complet si vous les accompagnez d'une crème anglaise ou de crème fouettée parfumée à la cardamome. Offrez-les à la fin d'un repas, comme une simple gâterie ou avec un plateau de fromages. Le contraste des textures est si savoureux que vous en reprendrez… encore et encore !

GÂTEAU AU CURCUMA ET AUX DATTES

(*SFOUF*)

●

· 500 ml (2 tasses) de semoule fine*
· 250 ml (1 tasse) de farine
· 1 ½ c. à soupe de curcuma
· 1 ½ c. à thé de poudre à pâte
· 250 ml (1 tasse) d'huile végétale
· 375 ml (1 ½ tasse) de sucre
· 375 ml (1 ½ tasse) de lait
· 40 amandes ou 125 ml (½ tasse) d'amandes effilées

PURÉE DE DATTES À L'ORANGE
· 2 c. à soupe de beurre
· Zeste et jus de 1 orange lavée
· 1 pincée de muscade
· 1 pincée de cannelle
· 1 paquet de 500 g (1 lb) de dattes dénoyautées pressées ou 500 ml (2 tasses) de dattes en purée

* On trouve au supermarché cette semoule (p. 184) utilisée dans les préparations sucrées au Moyen-Orient.

40 BOUCHÉES

Préchauffez le four à 180 °C (350 °F).

Dans un grand bol, mélangez bien la semoule, la farine, le curcuma et la poudre à pâte.

Dans un autre bol, fouettez l'huile, le sucre et le lait. Mélangez aux ingrédients secs, à l'aide d'une cuillère en bois pour obtenir une pâte homogène.

Tapissez un moule de 18 x 28 cm (7 x 11 po) de papier parchemin.

Transférez la pâte dans le moule. Disposez les amandes sur la pâte sans les enfoncer.

Faites cuire au four de 30 à 35 min. Le gâteau est prêt lorsque la pointe d'un couteau insérée en ressort propre. Laissez refroidir.

Pendant ce temps, préparez la purée de dattes à l'orange. Dans une casserole, à feu modéré-doux, faites fondre le beurre. Ajoutez le zeste et le jus d'orange, la muscade, la cannelle, puis les dattes. Mélangez bien et réservez.

Démoulez le gâteau. À l'aide d'un long couteau tranchant, coupez-le en 2 transversalement pour obtenir 2 gâteaux d'égale épaisseur. Tartinez la partie inférieure de purée de dattes. Replacez la partie supérieure.

Découpez en petits carrés et servez.

—

Note : La recette traditionnelle du sfouf contient plus de sucre. Dans cette recette, la farce aux dattes permet d'en réduire la quantité.

—

L'inspiration : Le *sfouf* est l'un de mes gâteaux préférés. Il est très facile à préparer et n'exige ni ustensiles sophistiqués ni ingrédients exotiques. La légère amertume du curcuma se marie bien avec le goût des dattes, le mélange des couleurs est attrayant et le contraste des textures a quelque chose de sensuel.

DÉLICES SUCRÉS

•

Au Liban, les repas se terminent généralement par des fruits de saison. Les pâtisseries se consomment entre les repas, accompagnées de café turc parfumé à la cardamome, un reflet de la vie sociale et du style de vie, une sorte de *tea time* revisité. La pâtisserie libanaise se caractérise par quelques éléments de base : la pâte filo (ingrédient principal des baklavas), les noix, la semoule, notamment pour préparer les maamouls, ces petits gâteaux parfumés à l'eau de rose ou de fleur d'oranger. Parmi les autres incontournables, nommons les *katayef* (petites crêpes farcies, p. 164), la *kenafeh* (à base de pâte kataifi et de fromage arrosé d'un sirop parfumé), le *moghli* (un pouding à la farine de riz et aux épices douces), la *mafrouké* (un gâteau de semoule) et la *halawat el jeben*, la version moyen-orientale du gâteau au fromage. N'oublions pas également fruits confits ou séchés. En saison, quand les marchés exhalent des parfums envoûtants, on prépare toutes sortes de confitures (citrouilles, coings, figues sèches, dattes fraîches, pétales de rose…) ainsi que des compotes, héritées de la cuisine turque. Accompagnées de yogourt, elles constituent d'excellents desserts lorsque les fruits se font rares.

Souvent confectionnés à partir de deux ingrédients, ces délices sont aussi satisfaisants que des pâtisseries élaborées. On obtient ainsi des bouchées irrésistibles en garnissant un abricot sec de pistaches parfumées à l'eau de rose (p. 159), en aspergeant des morceaux de melon froids de quelques gouttes d'eau de fleur d'oranger, ce qui leur donne une touche de raffinement, ou en garnissant une datte d'une amande nature. Simplicité, vous dis-je…

Je vous présente aussi deux recettes de crème glacée inspirées de mon enfance. —

NUIT D'ORIENT

(*KATAYEF*)

●

CRÊPES
· 250 ml (1 tasse) de farine
· 4 c. à soupe de semoule fine*
· ¼ c. à thé de levure instantanée
· ½ c. à thé de poudre à pâte
· 1 c. à soupe de sucre
· 1 c. à soupe d'huile végétale
· 375 ml (1 ½ tasse) d'eau tiède
· 1 c. à thé d'eau de fleur d'oranger

GARNITURE DE PISTACHES
· 250 ml (1 tasse) de pistaches
· 4 c. à soupe de sucre
· 1 pincée de muscade
· 1 pincée de cannelle
· 1 c. à soupe d'eau de fleur d'oranger
· 125 ml (½ tasse) de beurre fondu
· Pistaches pour garnir

* On trouve au supermarché cette semoule (p. 184) utilisée dans les préparations sucrées au Moyen-Orient.

24 CRÊPES

Crêpes

Dans un bol, combinez les ingrédients secs. Incorporez l'huile, l'eau et l'eau de fleur d'oranger. Mélangez jusqu'à ce que l'appareil ait une consistance homogène. Laissez reposer 20 min.

Chauffez une grande poêle antiadhésive à feu modéré. Vous pouvez cuire quelques crêpes à la fois. Pour chacune, versez l'équivalent de 2 c. à soupe de pâte sans l'étaler. Des bulles se formeront sur le dessus de la crêpe. Faites cuire 2 min jusqu'à ce que le dessus soit sec et le dessous à peine doré. Retirez la crêpe sans faire cuire l'autre côté et placez-la sur un torchon.

Repliez le torchon pour couvrir les crêpes à mesure qu'elles sont prêtes ce qui les empêchera de sécher. Cette étape est très importante, car c'est ainsi que les *katayef* acquièrent leur souplesse.

Garniture de pistaches

Dans un robot culinaire, broyez les pistaches, le sucre, la muscade, la cannelle et l'eau de fleur d'oranger pour obtenir un mélange grossièrement haché.

Chauffez le four à 190 °C (375 °F).

Montage des katayef

Couvrez une plaque de papier parchemin. Comptez 2 crêpes par portion. Placez la moitié des crêpes sur la plaque et garnissez le centre de chacune d'elles d'une cuillerée de garniture de pistaches, en veillant à laisser les bords libres. Recouvrez d'une deuxième crêpe et pressez les bords afin de bien sceller.

Badigeonnez les deux côtés de beurre fondu. Enfournez 10 min ou jusqu'à ce que les *katayef* soient dorés.

Décorez de pistaches et servez avec une crème glacée à la vanille ou une des recettes de crèmes glacées, p. 167 et 168. Accompagnez de figues pochées au vin (p. 170).

L'inspiration : Dans la gastronomie libanaise, les *katayef* sont réputés. Ce sont de petits gâteaux à base de crêpes farcies de crème de lait, d'amandes, de pistaches ou de noix. Irrésistible. On trouve les petites crêpes qui servent à les réaliser dans les épiceries moyen-orientales, mais voici la façon de les confectionner facilement vous-même.

SOUPE DU PETIT-DÉJEUNER

(*SAHLAB*)

●

- 4 c. à soupe de fécule de maïs
- 1 l (4 tasses) de lait
- 5 cristaux de mastic (p. 182)* (facultatif)
- 60 ml (¼ tasse) et plus de sucre
- 2 c. à thé d'eau de rose
- 2 c. à soupe de pistaches hachées
- Cannelle

ACCOMPAGNEMENT (FACULTATIF)
- Tranches de baguette grillées

* On trouve cette résine naturelle au goût unique dans les magasins d'épices, les épiceries grecques et moyen-orientales.

2 À 4 PERSONNES

Dans un bol, mélangez la fécule de maïs et 250 ml (1 tasse) de lait.

Si vous utilisez le mastic, dans un mortier, écrasez-le pour obtenir ¼ c. à thé. (Vous pouvez ajouter ½ c. à thé de sucre pour faciliter cette opération.)

Dans une casserole, à feu modéré, diluez 60 ml (¼ tasse) de sucre dans le lait restant. Dès que la préparation bout, baissez le feu.

À l'aide d'un fouet, incorporez le mélange de fécule de maïs, petit à petit, afin d'éviter la formation de grumeaux. Ajoutez le mastic, si désiré. À feu doux, faites cuire, en remuant, 10 min.

Aromatisez d'eau de rose et transvidez dans 2 ou 4 tasses.

Décorez de pistaches hachées et saupoudrez de cannelle. Au petit-déjeuner, accompagnez cette soupe d'une tranche de baguette grillée.

—

Note : Lorsque la soupe a refroidi, elle prend la consistance de crème épaisse d'une panna cotta et se sert tout aussi bien en dessert. Les saveurs de cette recette rappellent celles de la crème glacée au mastic et aux pistaches (p. 167).

—

L'inspiration : La *halawet el nacha* est un classique de la cuisine de rue. Au cœur de la nuit ou à l'aube, un vendeur ambulant de Beyrouth vend cette «soupe» saupoudrée de cannelle, accompagnée d'un beignet croustillant couvert de graines de sésame : le *kaak*. Le contraste entre le crémeux du *sahlab* (p. 182) et le croquant du *kaak* est un pur délice. Quand j'étais enfant, cette crème onctueuse dégustée très chaude faisait partie du rituel du petit-déjeuner de la fin de semaine. Elle me procurait un exceptionnel sentiment de réconfort.

CRÈME GLACÉE AU MASTIC ET AUX PISTACHES

Ingrédients

· 10 cristaux de mastic (p. 182)*

· 180 ml (¾ tasse) et plus de sucre

· 500 ml (2 tasses) de lait entier

· 2 c. à soupe de fécule de maïs

· 500 ml (2 tasses) de crème 35 %

· 500 ml (2 tasses) de pistaches hachées grossièrement

* On trouve cette résine naturelle au goût unique dans les magasins d'épices, les épiceries grecques et moyen-orientales.

6 À 8 PERSONNES

Préparez la crème glacée la veille.

Dans un mortier, écrasez le mastic pour obtenir ½ c. à thé. (Vous pouvez ajouter ½ c. à thé de sucre pour faciliter cette opération.)

Transférez dans un bol et mélangez avec 125 ml (½ tasse) de lait.

Dans une casserole, à feu doux, délayez la fécule de maïs dans le reste du lait avec un fouet. Lorsque le lait est chaud, ajoutez le mélange de mastic sans cesser de fouetter, puis incorporez 180 ml (¾ tasse) de sucre et la crème. Laissez mijoter doucement 20 min, en remuant régulièrement afin d'éviter la formation de grumeaux.

Retirez du feu, placez directement sur la préparation une pellicule plastique pour éviter la formation d'une peau. Réfrigérez.

Lorsque la préparation est complètement refroidie, si vous avez une sorbetière, suivez les instructions du fabricant.

Si vous n'avez pas de sorbetière, suivez ces étapes :

· Transvidez dans un contenant en acier inoxydable profond et mettez au congélateur.

· Lorsque la crème commence à geler, après 45 min environ, mixez avec un mélangeur à main 2 min. Remettez au congélateur.

· Répétez cette opération à intervalle de 30 min jusqu'à ce que la crème glacée ait bien pris et atteigne une texture crémeuse. Ce qui prendra de 2 à 3 h.

Lorsque la crème glacée est bien froide et dure, à l'aide d'une cuillère à glace, formez des boules. Entre chacune, plongez l'ustensile dans l'eau. Placez-les sur une plaque tapissée de papier parchemin et remettez au congélateur.

Au moment de servir, roulez-les dans les pistaches hachées.

—

L'inspiration : Cette crème glacée est au cœur d'une discussion sans fin. Elle est si particulière que tout le monde aimerait l'avoir créée : les Grecs en revendiquent la paternité et l'appellent *kaimaki*. Les Turcs en revendiquent la paternité et l'appellent *dandorma*. Les Syriens et les Libanais en revendiquent la paternité et l'appellent *bouzet miskeh* ou *bouzet sahlab*. Pour moi, ce sera toujours le délice de mon enfance dans le souk de Damas. Cette douceur ne contient pas d'œufs. On utilise plutôt de la fécule de maïs ou du *sahlab* comme stabilisant. Le mastic et la fécule lui donnent une texture moelleuse et si longue en bouche qu'elle laisse un goût sans pareil. Traditionnellement, cette crème glacée est montée à la main en utilisant un très long pilon et un mortier de métal que l'on conserve au froid.

CRÈME GLACÉE AUX PISTACHES ET SÉSAME

●

- · 500 ml (2 tasses) de lait
- · 500 ml (2 tasses) de crème 35 %
- · 4 c. à soupe de miel
- · 6 jaunes d'œufs
- · 180 ml (¾ tasse) de sucre
- · 125 ml (½ tasse) de graines de sésame légèrement grillées
- · 180 ml (¾ tasse) de pistaches légèrement grillées et hachées

6 À 8 PERSONNES

Dans une casserole à fond épais, à feu modéré, chauffez le lait, la crème et le miel. Réservez.

Dans une casserole, fouettez les jaunes d'œufs et le sucre jusqu'à ce que l'appareil pâlisse.

Incorporez progressivement le mélange de lait et de crème.

À feu doux, faites cuire, sans cesser de remuer, jusqu'à l'obtention d'une consistance épaisse et crémeuse. Réfrigérez.

Transvidez dans une sorbetière et suivez les instructions du fabricant.

Dès que la crème commence à prendre, ajoutez les graines de sésame et les pistaches.

La crème glacée se conserve dans un contenant hermétique au congélateur.

—

FIGUES POCHÉES AU VIN, CRÈME GLACÉE AUX PISTACHES

●

- 16 figues fraîches ou séchées
- 750 ml (3 tasses) de vin blanc gewurztraminer*
- 250 ml (1 tasse) de vin rouge
- 30 g (1 oz) d'écorce d'orange confite
- 1 morceau de gingembre de 2,5 cm (1 po)
- 1 bâton de cannelle
- 1 c. à soupe de poivre rose entier
- 180 ml (¾ tasse) de cassonade

ACCOMPAGNEMENTS, AU CHOIX
- Yogourt grec arrosé de la réduction de vin, garni de pistaches hachées
- Crème glacée aux pistaches (p. 172)

* J'utilise le gewurztraminer pour ses arômes floraux et épicés très marqués. Vous pouvez choisir un autre vin blanc ayant les mêmes caractéristiques.

6 À 8 PERSONNES

Piquez les figues avec un cure-dent afin qu'elles absorbent bien les saveurs.

Dans une casserole, combinez le vin blanc, le vin rouge, l'écorce d'orange, le gingembre, la cannelle, le poivre rose et la cassonade. Portez à ébullition à feu modéré-doux.

Baissez le feu, plongez les figues dans le vin parfumé et laissez pocher doucement. Si vous utilisez des figues fraîches, 10 min à feu très doux suffiront. Pour les figues sèches, laissez-les pocher 30 min ou jusqu'à ce qu'elles soient tendres.

Retirez les figues et filtrez le vin. À feu modéré, faites réduire de moitié jusqu'à l'obtention d'une consistance sirupeuse. Lorsque le sirop a refroidi, arrosez les figues.

Servez quelques figues pochées dans chaque assiette avec une boule de crème glacée aux pistaches ou du yogourt grec arrosé de la réduction de vin et garni de pistaches hachées.

... / 172

L'inspiration : Je me souviens encore comme si c'était hier des soirées d'hiver où nous nous retrouvions, mes sœurs, mon frère et moi, autour du poêle à bois, tels des campeurs autour d'un feu de camp. Au menu : des figues sèches et des noix arrosées d'un vin libanais. C'était un accord si parfait que j'aurais trouvé dommage de ne pas en faire un dessert original.

- 500 ml (2 tasses) de lait
- 500 ml (2 tasses) de crème 35 %
- 1 gousse de vanille
- 8 jaunes d'œufs
- 180 ml (¾ tasse) de sucre
- 250 ml (1 tasse) de pâte de pistaches
- 250 ml (1 tasse) de pistaches hachées

Crème glacée aux pistaches

Dans une casserole, versez le lait et la crème et ajoutez la gousse de vanille fendue en 2. Portez à ébullition, puis retirez du feu. Grattez les graines de la gousse et remettez-les dans la casserole.

Dans un grand bol, fouettez les jaunes d'œufs et le sucre jusqu'à ce que l'appareil pâlisse.

Incorporez progressivement 250 ml (1 tasse) du mélange de lait et de crème.

Transvidez peu à peu dans la casserole, en fouettant. À feu doux, faites cuire, en remuant constamment avec une cuillère en bois, jusqu'à ce que la crème nappe le dos de la cuillère.

Transférez dans un grand bol, incorporez la pâte de pistaches et les pistaches hachées. Placez directement sur la préparation une pellicule plastique pour éviter la formation d'une peau. Réfrigérez.

Attendez au moins 2 h avant de retirer le bol du réfrigérateur et de transférer la préparation dans une sorbetière. Suivez les instructions du fabricant.

Conservez la crème glacée dans un contenant hermétique au congélateur.

—

GRANITÉ DE PASTÈQUE À LA MENTHE

●

- · 2 l (8 tasses) et plus de jus de pastèque
- · 10 feuilles de menthe
- · 250 ml (1 tasse) de sucre
- · Liqueur de menthe (facultatif)

8 À 10 PERSONNES

Mettez le jus de pastèque et la menthe dans le récipient du mélangeur et broyez. Ajoutez le sucre et actionnez l'appareil jusqu'à ce qu'il soit complètement dissous.

Transvidez dans un contenant rectangulaire de 23 x 33 cm (9 x 13 po), couvrez et mettez au congélateur. Après 30 min, remuez et raclez le pourtour avec une fourchette. Répétez à intervalle de 30 min, 2 autres fois. Il faudra environ 2 h supplémentaires pour obtenir la texture dure souhaitée.

Sortez le granité 5 min avant de servir.

Grattez avec une fourchette le dessus et présentez le granité dans de jolis verres ou des coupes.

Ce granité, arrosé de liqueur de menthe, peut être offert comme trou normand entre deux services, comme apéritif ou comme rafraîchissement par une chaude soirée d'été.

—

Jamais je n'ai rencontré quelqu'un qui aime autant la pastèque que ma fille Stéphanie. Aux beaux jours, lorsqu'il n'en reste plus que la moitié d'une dans notre frigo, elle décrète l'état d'urgence et ne le lève que lorsque nous avons regarni notre réserve...

SOUPE AUX FRUITS SECS ET AMANDES

●

- 1,5 l (6 tasses) d'eau
- 6 c. à soupe de cassonade
- 1 c. à soupe de thé Earl Grey*
- 1 bâtonnet de cannelle
- 12 abricots secs
- 12 figues sèches
- 8 pruneaux dénoyautés
- 2 c. à soupe de porto
- Zeste de 1 orange lavée
- 250 ml (1 tasse) de raisins secs
- 250 ml (1 tasse) d'amandes mondées

GARNITURE (FACULTATIF)

- Yogourt

* La bergamote contenue dans ce thé convient parfaitement aux fruits secs.

4 PERSONNES

Faites bouillir l'eau et la cassonade. Éteignez le feu, ajoutez le thé et la cannelle. Remuez, couvrez et laissez infuser 5 min.

Pendant ce temps, coupez en 2 ou 4 les abricots, les figues et les pruneaux.

Filtrez le liquide et réchauffez-le sans le faire bouillir. Ajoutez le porto, le zeste, les fruits secs et les amandes. Retirez du feu, couvrez et laissez tiédir.

Servez cette délicieuse soupe tiède et, si désiré, garnissez d'une cuillerée de yogourt.

—

TERRINE DE FRUITS ROUGES EN GELÉE

●

- 180 ml (¾ tasse) de fraises en dés
- 180 ml (¾ tasse) de mûres coupées en 2 ou de bleuets
- 180 ml (¾ tasse) de groseilles ou de cerises en morceaux
- 180 ml (¾ tasse) de framboises
- 4 c. à soupe de muscat de Rivesaltes (ou autre vin doux)
- 500 ml (2 tasses) d'eau
- 250 ml (1 tasse) de sucre
- Zeste de 1 lime lavée
- Zeste de 1 citron lavé
- 8 feuilles de gélatine de 2 g chacune ou 2 sachets (30 ml/2 c. à soupe) de gélatine en poudre

6 À 8 PERSONNES

Dans un bol, mélangez les fruits et le muscat.

Dans une casserole, faites bouillir l'eau, le sucre et les zestes 5 min.

Dans un bol rempli d'eau froide, faites tremper les feuilles de gélatine 10 min. Égouttez.

Incorporez les feuilles ou la poudre de gélatine au sirop et laissez refroidir.

Tapissez un moule ou une terrine de 10 x 20 cm (4 x 8 po) de pellicule plastique.

Couvrez le fond de la moitié des fruits et versez suffisamment de sirop pour les recouvrir, environ le tiers de la quantité.

Laissez prendre au réfrigérateur, puis versez un deuxième tiers du sirop. Remettez au réfrigérateur. Lorsque cette deuxième couche est également prise, ajoutez le reste des fruits et du sirop. Réfrigérez au moins 4 h.

Au service, démoulez la gelée et tranchez des parts que vous pouvez déguster avec la crème glacée aux pistaches et sésame (p. 168).

—

L'inspiration : Au Liban, à l'occasion de l'anniversaire d'un enfant, on a l'habitude de préparer une gelée de fraises couverte de tranches de banane. Je n'ai jamais réussi à comprendre ce qui m'attire le plus dans cette tradition. Ce qui n'est pas plus mal, parce que cela me permet d'inventer toutes sortes de scénarios. Dans mon esprit, une part de magie sera toujours associée à cette gelée.

CHOCOLAT FONDANT PARFUMÉ À LA BADIANE

●

- · 285 g (10 oz) de chocolat mi-sucré
- · 225 g (8 oz) de beurre
- · 1 c. à soupe d'anis étoilé moulu
- · 6 œufs
- · 6 jaunes d'œufs
- · 500 ml (2 tasses) de sucre
- · 1 c. à thé de vanille
- · 250 ml (1 tasse) de farine

12 PERSONNES

Mettez dans le haut d'un bain-marie, le chocolat, le beurre et l'anis étoilé. À feu modéré-doux, faites fondre. Laissez refroidir.

À l'aide d'un batteur électrique, battez les œufs, les jaunes d'œufs, le sucre et la vanille.

Ajoutez la farine et mélangez bien.

Ajoutez le mélange au chocolat et battez de nouveau jusqu'à ce que l'appareil soit crémeux.

Beurrez 12 ramequins de 250 ml (1 tasse). Remplissez-les aux trois quarts.

Enfournez à 180 °C (350 °F) 20 min.

Pour un plaisir optimal, servez ce dessert bien chaud.

—

L'inspiration : La badiane est un autre nom pour l'anis étoilé. J'aime sa saveur naturelle de réglisse qui se révèle discrètement sous le chocolat. Le parfum anisé qui s'échappe du four a quelque chose d'enivrant et d'irrésistible.

CAFÉ TURC PARFUMÉ À LA CARDAMOME

•

- · 180 ml (¾ tasse) d'eau
- · 1 c. à thé de sucre (facultatif)
- · 2 c. à thé de café arabica moulu très fin
- · ¼ c. à thé de cardamome moulue

2 EXPRESSOS

À feu modéré, faites bouillir l'eau dans une petite casserole. Si vous souhaitez un café sucré, diluez le sucre dans l'eau bouillante avant d'ajouter le café.

Lorsque l'eau bout, ajoutez le café et la cardamome. Remuez. Dès que le café bout et que la mousse monte, retirez la casserole du feu, le temps que la mousse retombe. Remettez la casserole sur le feu et répétez l'opération 2 fois. Laissez reposer 1 min, le marc de café redescend dans le fond et le café est prêt à servir.

—

Traditionnellement, le café turc est préparé dans une petite casserole avec un manche très long qui porte le nom de *rakweh*, mais on peut tout aussi bien réussir avec une petite casserole ordinaire.

Abricot : Au Liban, les abricots rythment les saisons. Au printemps, on les mange verts et acides, trempés dans du sel. Ils font alors un ajout intéressant dans les salades. Plus tard, matures et juteux, ils sont délicieux coupés en deux et conservés dans le sirop. Grâce à leur haute teneur en pectine, ils donnent une confiture à la couleur magnifique. Dans les villages, on place ces pots sur les appuis de fenêtres ensoleillés. Pour ne rien perdre du fruit, on fait sécher sa chair tandis qu'on consomme le noyau comme une amande. En jus désaltérant ou en sirop (p. 20), on en fait provision jusqu'à la saison suivante. Quant aux fruits trop mûrs, ils sont réduits en une purée que l'on étale en couche mince sur une plaque légèrement huilée. Elle est séchée de 3 à 5 jours, pliée ou façonnée en rouleaux que l'on appelle *amareddine*.

Arak : Boisson alcoolisée incolore, distillée à partir de raisins et parfumée à l'anis. Le mot *arak* signifie « sueur » en arabe, ce qui pourrait faire référence à la condensation du liquide durant la distillation. Originaire des pays de l'est de la Méditerranée, l'arak est de la même famille que l'ouzo et le raki. En le mélangeant (un tiers d'arak pour deux tiers d'eau), il devient d'un blanc laiteux. On le déguste dans de petits verres étroits avec quelques glaçons. Il est habituellement servi avec le mezzé. Grand amateur d'arak, mon père disait toujours : « Ne versez jamais l'arak par-dessus les glaçons ou dans un verre déjà froid, vous en perdriez l'apparence laiteuse et le liquide serait caillé. » Il faut aussi changer de verre fréquemment, car les saveurs des différents plats d'un mezzé peuvent altérer le goût délicat de l'arak. Il peut également être servi en cocktail (p. 18 et 20).

Falafel : L'origine de ces célèbres petites boules de pâte frites, auxquelles on succombe dans la rue, est un objet de débat. En Égypte, sous le nom de *tamiya*, on les fait exclusivement avec des fèves. En Palestine, on les préfère aux pois chiches. Et au Liban, on privilégie le mélange des deux légumineuses. Les falafels (p. 94) sont à leur meilleur accompagnés d'un mélange de tomates, persil, menthe et navets marinés coupés fin et de sauce tahini.

Fatteh : La *fatteh* est un plat qui comporte trois éléments de base : du pain pita, du yogourt aillé et des pois chiches cuits. Elle se décline ensuite sous plusieurs formes en incluant l'aubergine, l'agneau, le poulet… Ce mets populaire se transforme aisément en plat gastronomique dans la recette de joues de veau braisées (p. 98).

Grenade : La grenade occupe une place de choix dans la culture libanaise. Ce fruit se distingue par sa peau lisse allant du rose pâle au rouge vif. Sur le marché, il existe des variétés acides et sucrées. Les graines (ou arilles) des grenades acides sont délicieuses dans les salades et sont également utilisées pour fabriquer la mélasse de grenade (p. 182).

Halloum : Fromage à pâte demi-ferme de couleur blanche, le halloum est originaire de l'île de Chypre (on l'appelle en grec *halloumi*). Bien que, traditionnellement, le halloum soit un mélange de lait de chèvre et de brebis, certains fabricants ajoutent du lait de vache ou le font uniquement à partir de lait de brebis. Ce fromage est assez salé (on peut le dessaler en le tranchant et en le trempant dans l'eau froide durant 30 min). Il a la particularité de changer de texture sans vraiment fondre lorsqu'il est chauffé, en raison de sa température de fusion assez élevée. Il se mange à tout moment de la journée et se marie à la fois au sucré et au salé : au petit-déjeuner, accompagné de tomates, de concombres, d'huile d'olive, ou encore de confiture de tomates (p. 58) ou d'abricots ; à midi, en salade (p. 59) ou avec des grillades ; et le soir, en cocktail (p. 18 et 20).

Huile d'olive : C'est la seule huile présente dans ma cuisine (un défaut méditerranéen…). J'emploie une huile d'olive légère pour la cuisson et j'utilise la meilleure huile d'olive extra-vierge que je peux me permettre pour les salades et les mets crus. Je la parfume de fines herbes (p. 34), d'épices (p. 34) ou d'un peu de piquant pour badigeonner du pain ou relever un plat, par exemple le tartare de viande (p. 74). Pour une huile d'olive pimentée, hachez finement un piment fort (rouge de préférence) et quelques feuilles de basilic. Couvrez-les d'huile et laissez macérer au moins 1 h avant l'utilisation. Pour accélérer l'osmose, chauffez légèrement l'huile avec les condiments et laissez macérer.

Kataifi : La pâte en filaments kataifi, aussi appelée « cheveux d'ange », se trouve dans les épiceries grecques et moyen-orientales. (Si vous l'achetez surgelée au supermarché, laissez-la décongeler à la température ambiante avant de l'utiliser.) Elle est très maniable et on peut la façonner même si les fibres cassent. Elle se prête aussi bien aux recettes sucrées que salées. Pour un dessert express, mélangez-la avec du beurre (soyez généreux, c'est ce qui donnera à la pâte sa belle couleur dorée), faites cuire au four, puis écrasez avec les doigts et émiettez sur un bol de yogourt, miel et noix (p. 42). Ou encore, façonnez des nids (p. 146) en remplaçant le curry par de la cannelle et, une fois cuits, garnissez avec 2 c. à soupe de ricotta, des noix et un sirop simple parfumé à l'eau de rose.

Katayef **:** Les *katayef* sont des crêpes à la mode moyen-orientale. Le mot *katayef* désigne la crêpe elle-même, mais également le dessert. Pour compléter, on ajoute simplement le nom de l'ingrédient principal de la garniture : *bil ashta* (farcis de crème) ou encore *bil joz* (farcis de noix, p. 164). Les *katayef* ont la particularité de n'être cuits que d'un côté ; l'autre reste soyeux et couvert de bulles, ce qui permet à la garniture de bien s'incruster. Une fois cuits et bien enveloppés, ils peuvent se congeler.

Maamouls : Les maamouls sont des pâtisseries libanaises traditionnelles qu'on prépare spécialement pour Pâques. Il s'agit de petits gâteaux à la texture sablée, à base de semoule, de beurre, d'eau de fleur d'oranger et d'eau de rose, qui sont farcis de divers ingrédients : purée de dattes, mélange de pistaches ou de noix de Grenoble. En les croquant, on sent d'abord les parfums de l'enveloppe croustillante, puis, au cœur de la bouchée, le moelleux de la garniture. Opulence et luxe, le charme des maamouls séduit tous les sens. Ils m'ont inspiré trois bonbons à base de dattes (p. 156 et 158) et d'abricots (p. 159).

Mastic : Aussi appelé « gomme mastic », le mastic est une résine naturelle issue de la sève du *Pistacia Lentiscus*, un arbuste méditerranéen. Le meilleur provient de l'île de Chios, en Grèce. Il se récolte en incisant l'écorce en forme de petites larmes, qui sont séchées à l'air pour les faire durcir. Sa saveur rappelle le pin. Le mastic est à la base de la gomme à mâcher, qui en tire son nom. Au Liban, on l'utilise dans la crème glacée (p. 167) et la pâtisserie, en Turquie, dans les loukoums et, en Grèce, dans les desserts, les liqueurs, les bonbons, le pain et même le fromage. Il est généralement vendu en cristaux de résine, qui collent parfois au pilon ou au mortier. Pour éviter ce désagrément, conservez-les au congélateur.

Mélasse de grenade : La mélasse de grenade est une réduction de jus de grenade à laquelle on a ajouté un peu de sucre et du jus de citron. Présente dans la cuisine de l'Iran jusqu'à la Turquie, elle s'utilise dans une vinaigrette ou une marinade. Versez-en aussi un filet dans les salades, en fin de cuisson des sautés de légumes ou avec des boulettes de viande (p. 124). Elle ajoutera une note fruitée et acide. On en trouve dans les supermarchés.

Mélasse de raisin : La mélasse de raisin peut remplacer le miel dans presque toutes les préparations : au goûter, en dessert avec un peu de yogourt ou de tahini. Ce mélange sirupeux nappé en granité sur de la glace pilée était l'un de mes délices d'enfant. On trouve la mélasse de raisin dans les épiceries moyen-orientales.

Moghrabieh **:** Le mot *moghrabieh* signifie « des pays du Maghreb » et désigne une semoule roulée comparable au couscous, mais avec des grains beaucoup plus gros et une texture qui s'apparente à celle des pâtes. Ce couscous libanais, d'une consistance moelleuse, absorbe davantage les saveurs des ingrédients avec lesquels il est cuit (p. 139). Vous pouvez aussi ajouter ces perles cuites dans vos salades.

Sahlab **et** *halawet el nacha* **:** *Halawet el nacha* se traduit littéralement par « douceur de l'amidon ». Enfant, je croyais que ces deux expressions désignaient le même ingrédient. Ce n'est que plus tard que j'ai découvert que la *halawet el nacha* était un substitut bon marché du *sahlab*. Mis à part leur couleur blanche et leur rôle d'épaississeur, ils n'ont rien en commun. *Nacha*, la fécule de maïs, est un amidon tiré des grains de cette céréale. Le *sahlab* (ou *salep*), lui, est une farine obtenue à partir de tubercules d'orchidées, qui contient un nutriment similaire à l'amidon appelé « glucomannane ». Comme il est rare, son prix est élevé. Souvenir de mon enfance, je vous propose une version de soupe pour le petit-déjeuner (p. 166).

Semoule : La semoule est un produit de la mouture du blé, du maïs ou du riz. Dans ce livre, il s'agit d'une farine légèrement granulée tirée du blé dur, le *durum*. La céréale est humectée et moulue selon différents degrés de grosseur. La semoule n° 1, la plus fine, convient pour les crêpes (p. 164) et le gâteau au curcuma et aux dattes (p. 160). Les semoules n°s 2 et 3 sont idéales pour les préparations salées et sucrées.

Sept épices : Un mélange d'épices très populaire dans la cuisine libanaise. Mon astuce pour vous souvenir du nom des épices ? Cinq d'entre elles commencent par la lettre *c* (cumin, coriandre, cannelle, clou de girofle et cardamome) auxquelles on ajoute le poivre et la noix de muscade. En dehors des recettes de ce livre, ce mélange parfumé peut remplacer les épices dans presque n'importe quelle recette. Voici la composition de mon mélange, mais, bien sûr, vous pouvez inventer le vôtre en dosant les ingrédients selon votre goût. Réduisez en poudre chaque épice séparément dans un moulin à épices.

- 2 c. à soupe de graines de cumin
- 1 c. à soupe de graines de coriandre
- 1 c. à soupe de cannelle
- 1 c. à thé de clou de girofle
- 1 c. à thé de capsules de cardamome
- 2 c. à soupe de grains de poivre noir
- ½ c. à thé de noix de muscade fraîchement râpée

Sumac : Le sumac provient des baies rouges de l'arbuste qui porte le même nom. Séché et broyé, il est utilisé comme épice. Il constitue un ingrédient vedette dans la composition du zaatar (ci-contre). Avec son goût acidulé et fruité, il remplace avantageusement le vinaigre ou le citron. Il peut entrer dans la composition d'une grande variété de plats comme les aubergines aux œufs et sumac (p. 80) et la salade de pois chiches (p. 97). Accompagnez vos grillades d'une salade composée d'oignon tranché, de feuilles de persil, de sumac et d'huile d'olive… un pur délice !

Tahini : Avec sa couleur beige et sa saveur de noix, le tahini est obtenu après avoir broyé des graines de sésame légèrement grillées. C'est l'ingrédient phare du hommos (p. 90), du baba ghannouj (p. 78), de la sauce taratour (ci-dessous) et du halva. En vinaigrette ou en sauce, dans les salades ou les plats principaux, le tahini est aussi employé dans certaines pâtisseries libanaises et il peut même remplacer le beurre pour graisser le moule. Il suffit de le mélanger à un autre ingrédient, de la mélasse ou du sirop d'érable, par exemple, pour en faire une délicieuse trempette au dessert. Prenez soin de remuer le tahini dans son bocal avant l'utilisation, car il a tendance à se séparer.

SAUCE TAHINI (*TARATOUR*)

- 4 c. à soupe de tahini
- 2 c. à soupe et plus d'eau
- 2 c. à soupe et plus de jus de citron
- Sel et poivre

Délayez le tahini en ajoutant l'eau peu à peu jusqu'à l'obtention d'une consistance crémeuse. Incorporez le jus de citron et assaisonnez.

Zaatar : En arabe, le mot *zaatar* signifie « thym ». Il désigne aussi un mélange d'herbes séchées, notamment du thym et de l'origan, du sumac, des graines de sésame et du sel. Personnellement, j'aime y ajouter de la marjolaine pour son parfum floral. Les recettes de zaatar varient d'une région à une autre et certaines familles y ajoutent même des ingrédients secrets pour personnaliser leur mélange.

ZAATAR

- 4 c. à soupe de thym sec
- 4 c. à soupe d'origan sec
- 4 c. à soupe de marjolaine sèche
- 4 c. à soupe de sumac
- 2 c. à soupe de graines de sésame
- 1 c. à soupe de gros sel

Dans un mortier, ou à l'aide d'un robot culinaire, broyez le thym, l'origan et la marjolaine sans les réduire en poudre. Mettez-les dans un bol et ajoutez le sumac, le sésame et le sel. Mélangez bien. Conservez dans un pot hermétique. Le zaatar peut être utilisé comme condiment pour rehausser le goût des salades, des marinades et des grillades.

—

REMERCIEMENTS

Je suis infiniment reconnaissante à

Jean-Philippe Tastet, la clé qui a ouvert la porte pour que ce livre existe.

Louise Loiselle pour avoir cru en moi et pour tous ses conseils précieux. Un grand merci à toute l'équipe Flammarion Québec qui m'a aidée à réaliser mon rêve.

Jean Longpré qui a traduit magnifiquement mes recettes en images.

Annie Lachapelle de l'Atelier Chinotto pour sa créativité.

Chef Joe Frey qui a documenté mes petites attentions.

Hala, ma sœur, qui a été ma main droite et ma main gauche pendant la préparation de toutes ces recettes.

Et finalement, merci à Rémi, mon partenaire.

—

INDEX

INDEX

INDEX

INDEX

SAHTEIN !

DEUX FOIS SANTÉ !